CW00537145

ISBN 978-0-260-97200-2
PIBN 10995810

Die Metra des Tragikers Seneca.

Ein

Beitrag zur lateinischen Metrik

von

Max Hoche.

Halle,

Verlag der Buchhandlung des Waisenhauses.

1862.

Sr. Excellenz

dem wirklichen Geheimen Rathe und Oberpräsident
der Provinz Sachsen

Herrn von Witzleben

in dankbarer Verehrung

gewidmet

vom

Verfasser.

Vorwort.

Den von verschiedenen Seiten an mich ergangenen Aufforderungen nachgebend übergebe ich der Oeffentlichkeit hiermit einen Beitrag zur lateinischen Metrik. Schon vor Jahresfrist waren die Vorarbeiten dazu beendet, und nur die Schwierigkeit einzelner Punkte, sowie an verschiedenen Stellen die mangelhafte Ueberlieferung, welche die metrischen Bedenken noch vermehrte, hielten mich von der weiteren Ausführung zurück. Ermuntert jedoch und freundlichst unterstützt von Herrn Hofrath Professor Dr. Bergk, dem dafür mein innigster Dank gebührt, habe ich nun ungeachtet mancher noch zurückgebliebenen Zweifel es unternommen, den vorliegenden rein metrischen Theil der Arbeit vor der Hand abzuschließen.

Die Hülfsmittel dazu waren gering, oder vielmehr gar nicht vorhanden; erst nach Beendigung der Vorstudien kam die öfter citirte Abhandlung von Schmidt mir zu Handen, und überhob mich der Ausarbeitung des prosodischen Theiles, den ich nun nur mit kurzen Worten anzudeuten brauchte. Jetzt nach Beendigung der ganzen Arbeit erhalte ich ein zweites Werk, welches auch für Seneca einige Beiträge zu liefern scheint, nämlich: Luciani Mülleri de re metrica poetarum latinorum praeter Plautum et Terentium libri septem. Lipsiae. Teubner. 1861. Daß ich diese Beiträge nicht mehr benutzen konnte, liegt demnach auf der Hand; daß aber auch die Gründe, welche mich bewogen, sowohl die anapästischen Dimeter festzuhalten, als auch die logaödischen Verse nicht in lauter kleine Kola zu zerlegen, in dem genannten Buche nicht widerlegt sind, dies wird, hoffe ich, Jeder erkennen. Freilich darf es bei einer solchen Trennung nicht Wunder nehmen, wenn Seneca's Chorlieder mit einer mira inelegantia zusammengesetzt scheinen, was hoffentlich bei genauerer Prüfung dieser Chorlieder sich als ein dem Dichter ohne rechten Grund gemachter Vorwurf herausstellen wird. Denn wenn er auch mehr Freiheiten im Gebrauche der einzelnen Versarten sich erlaubte, als andere Dichter, so ist doch hierin stets eine gewisse Gesetzmäßigkeit und Schranke nicht zu verkennen, welche er sich selbst gestellt hat. Doch dies wird sich ja am besten aus der Betrachtung der Verse selbst ergeben, weshalb hier nicht der Ort ist, näher darauf einzugehen. Vielmehr sollte nur der Grund angegeben werden, weshalb das genannte Werk nirgends in der folgenden Arbeit angeführt wird, und dieser ergiebt sich aus dem Gesagten hinlänglich.

Zur Erläuterung der Tabellen auf Seite 14—16 möge noch bemerkt sein, daß, wo bei einem Schema die Syllaba anceps angegeben ist und in der zugehörigen Horizontalreihe zwei Zahlen sich finden, deren untere in Klammern eingeschlossen ist, — daß da die eingeschlossenen Zahlen sich auf die Kürzen, die nicht eingeschlossenen auf die Längen und Kürzen zusammen beziehen; z. B. unter Nro. 26 haben 78 Verse im Ganzen in der dritten Stelle einen dreisilbigen Fuß, dessen erste Silbe lang oder kurz ist, d. h. entweder einen Daktylus oder Tribrachys. Der letztere findet sich sechsmal, weshalb unter der Zahl 78 die Zahl (6) steht, es bleiben also 72 Verse mit Daktylen an der betreffenden Stelle. Oder unter Nro. 36 finden sich 10 Verse mit dreisilbigen Füßen in den drei ersten Stellen; im dritten Fuße ist Tribrachys und Daktylus in der Tabelle nicht geschieden, da diese beiden Versfüße in ihrem Gebrauch dieselben Gesetze aufweisen, aber durch die Klammern im Agamemnon (v. 1004) ist angedeutet, daß in diesem Verse der seltnere Tribrachys steht, während die andern 9 Verse den Daktylus enthalten u. s. w. Daß bei den seltneren und

ungewöhnlichen Formen des Trimeters, welche nur ein= oder zwei=
mal überhaupt vorkommen, die Zahlen der Verse hinzugefügt
wurden, schien nothwendig für die bessere Uebersicht bei der fol=
genden Betrachtung der einzelnen Versformen, und wird sich hof=
fentlich als zweckmäßig erweisen. Alles Uebrige ergiebt sich aus
der unmittelbaren Betrachtung der Tabellen oder findet in der
diesen folgenden Erklärung seine Erledigung.

Halle, den 7. November 1861.

Max Hoche.

Inhalt.

Einleitung.

Wie bei allen Dichtern des Alterthums, so ist es auch bei den Tragödien des Seneca für die Kritik, sowie für die Beurtheilung des Werthes und der Kunst in denselben ganz besonders wichtig, die Gesetze genau zu kennen, nach welchen der Autor seine Verse zusammenfügte, und die Freiheiten, welche er sich im Versbau im Verhältniß zu den übrigen Autoren derselben Gattung erlaubte. Denn nicht nur daß die Kritik eine sichere Handhabe an der festen Norm des Versbaus findet, daß früher gebilligte Lesarten oder gemachte Conjekturen sich nun als unhaltbar nach den Gesetzen der Metrik ergeben, nein, auch über Echtheit oder Unechtheit, über das Alter und die Reihenfolge der einzelnen Stücke erhalten wir oft schon durch die bei der Zusammensetzung der Verse befolgten Gesetze bestimmten Aufschluß, wie denn die gewöhnlich auch dem Seneca zugeschriebene Octavia sich schon durch die Form der Verse als später und von einem andern Verfasser geschrieben herausstellt. Aber auch zwischen den andern Stücken zeigen sich interessante Aehnlichkeiten oder Verschiedenheiten, was den Bau der Verse anbetrifft, so daß vielleicht die genauere Kenntniß desselben auch zur Lösung des schwierigen Problems von dem Verfasser der neun andern Tragödien beitragen möchte. Gleichwohl ist gerade dieser Theil von den Meisten, welche sich mit Seneca beschäftigt haben, gänzlich vernachlässigt, von Keinem aber eingehender behandelt worden, vielmehr finden sich in den frühern Ausgaben oft die gröbsten Verstöße gegen alle Gesetze der Metrik. Ganz vor Kurzem erst hat die eine Hälfte dieser Aufgabe ihren Bearbeiter gefunden, *) nämlich die Prosodie, deren

*) De emendandarum Senecae tragoediarum rationibus prosodiacis et metricis. Dissertatio philologica, quam summorum in philosophia honorum etc. adipiscendorum causa die XVIII mensis decembris anni CIƆIƆCCCLX publice defendet auctor Bernardus Schmidt. Berolini, Gustavus Lange.

Regeln indeß meist von den jambischen Trimetern abstrahirt sind, während die übrigen Metra theils unberücksichtigt blieben, theils sehr kurz behandelt wurden; die eigentliche Metrik aber, die Freiheiten im Bau der verschiedenen Versgattungen, sowie das Verhältniß der einzelnen Stücke in dieser Beziehung, dies ist noch unbehandelt geblieben, und dies soll daher der Zweck der vorliegenden Arbeit sein. Und zwar wird sich als einfachste und natürlichste Eintheilung des Stoffes diejenige ergeben, daß, nachdem die Hauptsätze der Prosodie unter Hinweis auf die eben angeführte Schrift hingestellt sind, zunächst die Verse des γένος διπλάσιον, d. h. die jambischen und trochäischen Verse, sodann die des γένος ἴσον, d. h. die daktylischen und anapästischen, und zuletzt die aus beiden gemischten, die logaödischen Verse einer näheren Betrachtung unterzogen werden, wobei zugleich die vier Chorlieder [Oed. 403—506; 707—768. Agam. 587—603; 799—858], die einzigen aus verschiedenen Versen zusammengesetzten, ihre Erläuterung finden.

Was nun zunächst die Quantität der Vokale am Ende der Wörter betrifft, so ist, um mit dem o anzufangen, die Quantität dieses Vokals ursprünglich lang gewesen, sowohl in den Nominativen der dritten Declination, als auch im Präsens der Verba. Doch findet die Verkürzung in den Verbalformen frühzeitig statt in Wörtern, welche einen Jambus bilden würden, z. B. statt nŏlō, ĕrō, ăgō brauchte man nŏlŏ, ĕrŏ, ăgŏ, aus dem einfachen Grunde, um nicht die Endsilbe der Stammsilbe gegenüber zu sehr hervortreten zu lassen, während bei Wörtern, deren erste Silbe lang war, wie dīcō, scrībō u. s. w. und bei drei oder mehrsilbigen diese Verkürzung nie eintrat.*) Diese Regel befolgt indeß Seneca nicht mehr; vielmehr sind bei ihm diese Endungen meist kurz (păvĕŏ Herc. fur. 1147; dimittŏ Thyest. 889; etc.), so daß sie noch der Arsis bedürfen, um lang gebraucht werden zu können. Schon Horaz (Sat. I, IV, 104 dixerŏ) und Ovid (Amor. I, XI, 27 Nāsŏ; Fast. II, 525 Curiŏ) haben vereinzelt diese Verkürzung angewandt, bei Seneca aber gilt in allen Versarten die Regel: „das o der Verba und Nomina der dritten Declination ist lang in der Arsis, kurz in der Thesis." Nach dieser Regel ist sogar Ag. 512 das o in Agamemno verkürzt, obwohl es dem Griechischen ων entspricht, und nur in

*) cfr. Ritschl prolegom. in Plaut. 1.

zwei Beispielen reichte selbst die Arsis nicht aus, um die Verlängerung zu bewirken, Med. 350 Quid cum Siculi virgo Pelori und Thyest. 858 Cadet in terras Virgo relictas, beide Male in anapästischen Systemen, die stets größern Freiheiten noch zulassen, und in demselben Worte virgo. Dagegen ist es ganz gegen alle von den frühern Dichtern befolgten Gesetze, wenn der Ablativ der zweiten Declination auf ō in den Gerundien verkürzt wird, wie Herc. Oet. 1863 lugendŏ făcĭas, und Troad. 268 vincendŏ dĭdĭci, wo die Länge einen im zweiten Fuße des Trimeters ganz unzulässigen Anapäst erzeugen würde; dasselbe findet sich jedoch auch bei Juvenal, welcher in vigilandŏ (III, 232) das auslautende o verkürzte. Nach derselben Regel erscheint das o in den Adverbien sero und subito bald lang (Hipp. 136; Herc. fur. 865; Oed. 580), bald kurz (Troad. 833. 1136; Agam. 470. 993; Hipp. 1008 etc.). *) Bei andern Adverbien ist eine bestimmte Quantität festgehalten; in tuto, ultro, retro erscheint immer ein langes o, in imo, ergo, quando, ecquando, aliquando, vero immer ein kurzes. Zu diesen letztern gehört auch modo, welches nur einmal, und zwar wieder in einem anapästischen Verse (Oct. 272) einen Jambus bildet: Quae fama modo venit ad aures, sonst immer einen Pyrrhichius, wie Oct. 895 etc. Endlich haben die beiden Worte duo und ego immer ein kurzes o.

Dasselbe Streben nach Verkürzung der Endvokale zeigt sich in den Worten mihi, tibi, sibi, nisi, ubi, ibi, und ihren Compositis, indem das i stets kurz ist, nur in tibique (Oed. 668) und sibique (Oed. 766) durch die Kraft der Arsis verlängert wird.

Und wie in den Adverbien auf o öfters eine Verkürzung eingetreten ist, so findet sich dieselbe auch bei dem e, z. B. Herc. Oet. 3 securĕ regna u. s. w. Was endlich das a betrifft, so gilt dafür die schon von Lachmann **) aufgestellte Regel, daß Seneca das a in Electra und Phaedra verkürzte, ebenso Oechalia Herc. Oet. 423; während Megara Herc. fur. 203 u. 1009 nach griechischer Quantität gemessen ist. Merkwürdig sind außerdem die Nominative Tiresia, Laërta, Pelia, Oed. 389; Troad. 704; Med. 201 u. 276, welche nach Abstreifung des s das a verkürzten, ähn-

*) cfr. Schmidt a. a. O. p. 30.

**) Lachmann zu Lucrez VI, 971. p. 406.

lich wie oben von Agamemnon das n abgeworfen, und dann das o verkürzt wurde (Agam. 512), während sonst die volle Form erhalten ist, wie Agam. 924 etc. In derselben Weise verliert Creon das n, um mit dem folgenden Worte durch Elision verbunden zu werden Med. 527: Creo atque Acastus arma si iungant sua? während sonst immer Creon sich findet (Med. 522; Oed. 399 etc.). Das Bedürfniß des Verses war also das allein Entscheidende.

In der Quantität der Endsilben, welche auf einen Consonanten ausgehen, ist nur ein Beispiel zu erwähnen, nämlich sanguis, welches, während doch sonst die Endung is im Nominativ der dritten Declination zu jener Zeit überall kurz gebraucht wurde, einen Spondeus bildet: Med. 776: Vectoris istic perfidi sanguis inest. Wenn dagegen Oedipus als Creticus gebraucht wird Phoen. 313: Hic Oedipus Aegaea tranabit freta, so scheint hier die Länge von der griechischen Quantität herzurühren, denn einmal findet sich nirgends dieses Wort als Daktylus, sodann werden auch die Formen der Casus nach griechischer Art gebildet, mit Ausnahme des Vocativs, Phoen. 178 audies verum Oedipe, wo indeß andere Handschriften Oedipum haben, was sehr leicht aus Oedipus entstanden sein kann.*) Endlich sind die Pronomina hic und hoc immer lang, sowohl in der Arsis als in der Thesis, und nur einmal Phoen. 551 tótus hoc exercitus, Hoc utrimque populus omnis, hoc vidit soror ist hoc verkürzt, vielleicht wegen größerer Eleganz in der Wiederholung desselben Wortes.

Auch in der Mitte der Worte befolgt Seneca bestimmte Gesetze der Quantität. So findet sich in jambischen Versen die Verlängerung eines kurzen Vokals vor muta cum liquida nur in der Arsis, in der Thesis nicht; dazu kömmt in den drei ersten Füßen des Trimeters, in welchen hauptsächlich diese Verlängerung eintritt, noch der Ton der Worte, indem hier meist die ersten Silben zweisilbiger, oder die mittlern Silben dreisilbiger Worte verlängert werden, wie tenebrae, volucri Herc. fur. 750. 756; patri Herc. fur. 898 etc. Nur Phoen. 267 macht darin eine Ausnahme, denn hier ruht auf der verlängerten Silbe der zweite, nicht der Hauptton des Wortes: Quod patricidam pudeat. In der Arsis des fünften Fußes findet sich nur einmal eine solche Verlängerung, Herc. 626 lugubribus,

*) Schmidt a. a. O. p. 32.

in der Arsis des vierten Fußes jedoch nur selten, und zwar dann immer in tonlosen Silben von mehr als dreisilbigen Wörtern, wie perăgrato celer etc. *) Eine Ausnahme von der oben aufgestellten Regel machen die mehr als zweisilbigen Worte, deren vorletzte Silbe kurz ist, wie proprius, patrius, patruus, lacrima, duplicis, reprime, reciprocus, und welche die drittletzte Silbe stets, in der Arsis sowohl, als in der Thesis verkürzen; ferner noch einige Worte, welche Schmidt aufführt, **) und retro, stets als Jambus gebraucht, im Oedipus, Agamemnon und Hercules Oetaeus; während es in der Octavia gar nicht, in den übrigen Stücken stets als Spondeus sich findet. In den anapästischen und logaödischen Versen endlich werden diese Silben ohne Unterschied der Arsis und Thesis bloß nach Bedürfniß des Verses verlängert. Aus demselben Bedürfniß hat der Genitiv unius von unus bald ein langes, bald ein kurzes i, und werden vom Verbum potior bald die auch sonst vorkommenden alterthümlichen Formen nach der dritten Conjugation (pŏtĭmŭr, pŏtĭtŭr Herc. fur. 54; Hipp. 502), bald die gewöhnlichen nach der vierten Conjugation gebraucht. Endlich ist einige Male ein kurzer Endvokal verlängert, wenn das folgende Wort mit muta cum liquida anfängt, und zwar in der Arsis gleichfalls noch bei sc, sp, st, wo es andere Dichter wohl auch gethan haben (cfr. Herc. fur. 950 Hiemsque gelido frigidā spatio refert; Hipp. 1026 omnes undiquē scopuli adstrepunt), während in andern Versen diese Consonanten an solchen Stellen auf den kurzen Vokal folgen, daß sich nicht entscheiden läßt, ob derselbe verlängert ist oder nicht (Med. 472 etc.). Nur in einem einzigen Verse, Oed. 404, findet sich im Hexameter in einem freien Chorliede ein kurzer Vokal vor nachfolgendem br verlängert in der Thesis: Mōllĭă Nīsaeīs ārmātē brāchĭă thȳrsīs, während sonst auch vor z das kurze e nicht verlängert ist, wie Oed. 419 Lūtĕām vēstēm rĕtĭnēntĕ zōnā.

Die Contraktion gleicher Vokale ferner hat Seneca im weitesten Umfange angewandt: die Verba deesse und deerrare verschmelzen beide e zu Anfang, so daß zu lesen ist: dēst Herc. fur. 500; Oed. 68. 694; Troad. 61; dērat Herc. fur. 832; Phoen. 839; Hipp. 1186; Troad. 888; Med. 992; Herc. Oet. 1853; dērit Hipp. 473; Med. 403; dēsset Phoen. 514; dēsse Thyest. 717; Hipp. 477. 878;

*) Schmidt a. a. O. p. 33. **) a. a. O. p. 34.

arietis, obwohl hier das Metrum auch den Vokal i zulassen würde. Sicher aber ist dreisilbig connubia Hipp. 233: Connubia vitat; genus Amazonium scias und Oed. 799 Connubia matris; dagegen viersilbig Troad. 905 celebrate Pyrrhi, Troades, connubia. Endlich wird nescio an mehreren Stellen zweisilbig (Herc. fur. 1148; Thyest. 267; Herc. Oet. 718. 745), wo das Wort zu Anfang des Verses steht, und schwerlich einen Daktylus bildet, zumal dann noch der Verston auf der kurzen penultima ruhen würde, was wohl geschieht, wie sich gleich zeigen wird, aber doch nur selten. Ob aber im Thyest. 650: Arcana in imo regia secessu patet, der einen Anapäst an vierter Stelle enthalten würde, regia zwei- oder dreisilbig zu lesen ist, davon wird weiter unten die Rede sein.

Zu erwähnen ist hier noch, daß das i in Troia auch zweimal als Vokal gebraucht ist, nämlich in sapphischen Versen Troad. 828: Misit infestos Troiae ruinis und Troad. 857: Dum, luem tantam Troiae atque Achivis, wo zugleich die erste Silbe verkürzt wird, Troiae also einen Anapäst bildet. Zwar will Schmidt *) auch hier die gewöhnliche Messung vertheidigen, indem er meint, daß die sapphischen Verse auch den Spondeus statt des Daktylus zuließen, aber hier ist wohl zu unterscheiden zwischen den zusammengesetzten Chorliedern, in denen allerdings der Dichter sich diese Freiheit einige Male gestattete, und zwischen den Chorliedern, in welchen der Versus sapphicus allein, oder nur mit dem Adonius vermischt vorkömmt. In diesen findet sich, wie später gezeigt werden wird, die Zusammenziehung des Daktylus niemals, und deshalb ist auch hier keine Berechtigung, dieselbe anzunehmen, vorhanden.

In den Compositis endlich von jacio wird das i vor einem zweiten in der Regel ausgestoßen, wie die Kürze des zurückbleibenden i zeigt. So lesen wir adice Oed. 811; Med. 277. 471. 783; Herc. Oed. 365; Oet. 124; adicit Thyest. 727; obicit Med. 496; obici Herc. fur. 434; Med. 237; subicit Oct. 827. Dagegen ist das erste i erhalten und zum Consonant geworden Phoen. 201: Malis tuis adjicere?, wodurch der kurze Vokal der vorangehenden Präposition positione lang wird, und ebenso Med. 528: His adice Colchos, adjice Aeeten ducem, **) wenn nicht in jener Stelle im dritten Fuße der tribrachys herzustellen, in dieser mit Jacob

*) a. a. O. p. 72. **) Lachmann zu Lucr. III, 863. p. 188.

Ueber das Zusammentreffen von Vers- und Wortaccent ist endlich noch hinzuzufügen, daß Seneca beide in den jambischen Trimetern möglichst in Uebereinstimmung zu bringen gesucht hat; *) in den übrigen Metren dagegen ist eine bestimmte Regel nicht sichtbar. Am fühlbarsten ist diese Vernachlässigung des Wortaccents gegenüber dem Versaccent in den Worten, welche einen Daktylus bilden und doch den Verston auf der mittlern Silbe haben. So Herc. fur. 995 Vulnére relicto; Herc. fur. 1163 Hercúle reverso zu Anfang des Trimeters, ferner Oed. 742 Horret tantis advéna monstris in anapästischen Versen u. s. w. (cfr. Thyest. 85. 486. 741. 891; Phoen. 52. 283; Hipp. 148. 697. 1077; Troad. 204. 808. 1102; Med. 706; Agam. 509. 660. 918. 993; Herc. Oet. 273. 1263; Oct. 146. 638. 789). Einmal ist auch ein Wort, welches einen Tribrachys bildet, in der Mitte betont, nämlich Med. 973 aníme patrandum est. Wenn daher die Perfekta petiit (Herc. fur. 2[illegible]), abiit (Herc. fur. 321) und rediit (Troad. 810) vor Vokalen zu Anfang des Trimeters stehen, so ist kein Grund vorhanden, weshalb sie die letzte Silbe verlängert haben sollten, wie Lachmann annimmt, **) denn der Tribrachys ist an erster Stelle wohl zulässig, wie wir bald sehen werden, und die abweichende Betonung kann bei so vielen Beispielen dafür nicht maßgebend sein, während sonst für diese Verlängerung bei Seneca kein Beweisgrund vorliegt.

Doch dies möge genügen über die allgemeinen Regeln der Prosodie, wenden wir uns daher nun zur speciellen Betrachtung der einzelnen Metra, und zwar zuerst zu den jambischen und trochäischen Versen.

---

*) Schmidt a. a. O. p. 36—44.

**) Lachmann zu Lucr. III, 1042. p. 107.

I.

Die jambischen und trochäischen Verse bei Seneca.

Außer dem jambischen Trimeter finden sich nur wenige Formen jambischer Verse, und auch über diese ist wenig zu bemerken. Zunächst befinden sich im Agam. 758—65 akatalektische jambische Dimeter, von denen je zwei zu einer Verszeile verbunden sind, denn daß keine Trimeter hier angenommen werden können, wie frühere Herausgeber wollten, folgt schon aus v. 760: et vestis atri funeris exesa cingit ilia, der statt des vierten Jambus einen Pyrrhichius enthalten würde. Dies ist aber in der Mitte des jambischen Verses gänzlich unerlaubt, während am Ende des Dimeters Niemand daran Anstoß nehmen kann. Eine andere Combination der Dimeter zu Tetrametern, so daß zuerst ein Dimeter, dann sieben Tetrameter und zuletzt ein Dimeter stehen würde, ist wieder wegen des Hiatus zwischen v. 764 u. 765: moestus futuro funere! Exultat et ponit gradus und der syllaba anceps zwischen 758 u. 759 sanguinea jactant verbera; fert laeva semustas faces; unmöglich. Diese Verse sind also unzweifelhaft Dimeter, welche von einander durch Hiatus und syllaba anceps getrennt sind. Auch fällt überall der Schluß des Dimeters mit einem Wortende zusammen, und sehr oft mit größerer Interpunktion. Die Cäsur, wenn anders in so kleinen Versen von Cäsur die Rede sein kann, ist entweder die penthemimeres nach der Thesis des dritten Jambus, oder sie tritt ein nach der Thesis des zweiten Jambus, wo dann der Vers mit einem zweisilbigen Worte schließt, also nach dem dritten Jambus eine zweite Cäsur bemerkbar ist, während im ersten Falle ein dreisilbiges Wort das Ende des Verses bildet, dem ein zweisilbiges vorausgeht, so daß auch dann nach der Thesis des zweiten Jambus ein kleiner Einschnitt sich findet. Einmal hat der Dichter statt des ersten Jambus den Daktylus gebraucht: v. 758 Sanguinea jactant verbera, so daß sich als die Schemata für diese Trimeter ergeben:

⏒ — ⏑ — ⏒ | — ⏑ ⏒ oder ⏒ — ⏑́ | — ⏒ — | ⏑ ⏒ und

— ⏑ ⏑ ⏑ — — | — ⏑ ⏒.

Ferner treffen wir katalektische jambische Dimeter in der Medea v. 852—67, und zwar zu einem System verbunden. Denn auf acht katalektische Dimeter folgt eine jambische Tripodie, dann sieben

Dimeter, eine Tripodie, zwölf Dimeter und zum Schluß wieder eine Tripodie. Es zeigt also schon die ungerade Anzahl der Dimeter, daß von einer auch sonst unstatthaften Vereinigung von je zweien zu einem Verse keine Rede sein kann. Im Uebrigen befolgen diese Dimeter ganz die Gesetze der akatalektischen; von dreisilbigen Füßen findet sich nur der Anapäst dreimal an erster Stelle statt des sonst überall stehenden Spondeus, und das Schema ist daher für den Dimeter: — — ◡ — — ◡ — ⏓ und ◡◡ — — ◡ — ◡ — ⏓; für die Tripodie: — — ◡ — ◡ ⏓.

Außerdem sind in der Medea v. 772—87 je zwei jambische Verse zu der Strophe verbunden, welche auch Horatius in den Epoden I—X angewandt hat. Hier geht die wuthentbrannte Medea in der Scene, wo sie die Götter der Unterwelt beschwört, und die verderblichen Geschenke bereitet, von Trochäen, worin die Beschwörung stattgefunden hat, zu Jamben über, in welchen sie die Wirkung der Beschwörung, dann zu der jambischen Strophe, in welcher sie die verhängnißvollen Geschenke selbst beschreibt, und das Gift, welches sie enthalten; zuletzt schließt sie mit einem längern anapästischen Systeme dieses canticum. Und zwar besteht die Strophe aus dem jambischen Trimeter und dem jambischen akalektischen Dimeter, der ganz nach den Gesetzen des Trimeters gebaut ist. Nämlich es enthalten alle diese Dimeter Jamben und Spondeen gemischt, einer an dritter Stelle einen Anapäst (v. 779 qui virus Herculeum bibit), keiner einen Daktylus; die einzelnen Verse sind durch Hiatus und syllaba anceps von einander getrennt (777; 780; 782; 783), ganz wie schon Horatius die Strophe baute.

Endlich hat Seneca im Dialog fast überall den Trimeter angewandt, zu dessen Betrachtung wir nun übergehen.

Durch die verschiedenen Combinationen der in den einzelnen Füßen gestatteten Auflösungen sind die mannichfachsten Versschemata entstanden, an Zahl 58, welche nachher näher zu betrachten sind. Zunächst ist die Cäsur fast in allen gleich vertheilt, sie findet sich nämlich meist nach der Thesis des dritten Jambus, wie bei allen andern Dichtern, z. B. Med. 452 ad quos remittis? Phasin et Colchos petam, und so unzählige andere Verse. Neben dieser Cäsur tritt aber sehr oft eine zweite in der Mitte des vierten Fußes ein, welche bisweilen sogar die erstere überwiegt, wie Med. 448: Fugimus, Jason, fugimus. Hoc non est novum; oder Herc. fur. 433: Imperia dura tolle, quid virtus erit? u. s. w. Sehr selten jedoch ist die Cäsur gerade in der Mitte des Trimeters nach dem dritten Jambus, wie Auferre cuiquam mors, tibi hoc vita abstulit Phoen. 213, wo die gewöhnliche Cäsur nach der Thesis des dritten Fußes wohl auch vorhanden ist, aber dadurch verdunkelt wird, daß ein einsilbiges Wort darauf folgt, welches durch die Construktion eng mit dem Vorhergehenden verbunden ist. Eben so selten findet sich neben der gewöhnlichen Cäsur eine zweite nach dem zweiten Jambus, welche jene überwiegt, wie Phoen. 403: Perge, o parens, et concita celerem gradum. Sehr oft ist auch die regelrechte Cäsur nur durch Elision verdunkelt, wie Med. 18: Letumque socero et regiae stirpi date, oder Oed. 1059; Agam. 125. 889; Herc. Oet. 461 etc.; oder sie fehlt scheinbar, weil gerade an ihrer Stelle die Commissur eines zusammengesetzten Wortes sich befindet, wie Oct. 731: Crispinus, intermissa etc. Doch ist es bekannt, daß auch dann die Cäsur, wenn sie zwischen die Präposition und das zugehörige Wort des Compositums fallen würde, nicht gänzlich vernachlässigt ist, so daß in dem angeführten Verse, sowie Phoen. 76: Si moreris, antecedo, neben der Cäsur im vierten Fuße auch die im dritten anzunehmen ist. Nach derselben Regel fügen sich Trimeter, wie Phoen. 482 dum frater exarmatur, armatus mane und andere (Phoen. 193. 223. 512. 519; Hipp. 402; Herc. Oet. 1741 etc.), dem allgemeinen Gesetz, daß, wenn in einem Trimeter die Cäsur im dritten Fuße ganz fehlt, neben der Cäsur im vierten Fuße stets eine zweite am Ende des zweiten Fußes sich findet. Doch giebt es wirkliche Ausnahmen von diesem Gesetz, z. B. Hipp. 1221: Exitia machinatus insolita, effera, Agam. 754: Victamque victricemque etc. Wenn endlich im dritten Fuße statt des Jambus oder Spondeus ein dreisilbiger Fuß eintritt, so ist von vornherein klar, daß beim Daktylus und Tribrachys, deren Thesis im Trimeter einsilbig ist, nichts der gewöhnlichen Cäsur in der Mitte des dritten Fußes entgegensteht, welche dann immer nach der ersten Silbe des dreisilbigen Fußes eintritt, z. B. Herc. fur. 53: Ipsúm caténīs | pária sórtitúm Iovi und Herc. fur. 63: Timui ímperásse. | Lévia séd nimiúm querór. Dagegen in den Versen, welche einen Anapäst an dritter Stelle enthalten, also im dritten Fuße eine zweisilbige Thesis haben, ist die Cäsur nie in der Mitte des dritten Fußes eingetreten, weder nach der ersten, noch nach der zweiten Kürze, vielmehr ist hier die Cäsur nach dem siebenten Halbvers, also in der Mitte des vierten Fußes, und daneben eine zweite nach der Arsis des zweiten Fußes festgehalten. Auch ist der dritte Fuß bei allen derartigen Versen von einem viersilbigen Worte gebildet, dessen letzte kurze Silbe die Thesis des vierten Fußes ausmacht, z. B. Herc. fur. 332: Urbis regens | opulenta | Thebanae loca; nur in einem Verse, Oct. 449: Aetate in hac satis esse consilii reor, bilden zwei freilich sehr eng mit einander verbundene Worte den Anapäst des dritten Fußes. Die Cäsur aber ist in allen 34 Versen, welche den Anapäst an dritter Stelle enthalten, in der angegebenen Weise angewandt, und demnach stellen sich die Schemata dieser Verse in folgender Weise dar:

⏒ — ⏑ — | ⏑ ⏑ — ⏑ | — — — ⏑ ⏓ Herc. fur. 332; Thyest. 759. 1064; Phoen. 166. 312. 604. 625; Hipp. 999; Oed. 791; Troad. 311. 635. 908. 946. 1152; Med. 677. 900. 901. 938; Herc. Oet. 1320; Oct. 711. 740.

⏑ ⏑ — ⏑ — | ⏑ ⏑ — ⏑ | — — — ⏑ ⏓ Oed. 515; Herc. Oet. 406.

⏒ — ⏑ — | ⏑ ⏑ — ⏑ | — ⏑ ⏑ — ⏑ ⏓ Thyest. 1101; Hipp. 426; Oed. 775; Troad. 520. 1176; Herc. Oet. 1738; Oct. 449; Medea 886.

— — ⏑ — | ⏑ ⏑ — ⏑ | ⏑ ⏑ ⏓ — ⏑ ⏓ Troad. 498; Hipp. 1040. 1235.

Sehr gern und fast immer endlich hat Seneca im Dialog, wenn kurze und schnelle Wechselreden geführt werden, den Personenwechsel in die Cäsur verlegt, sowohl nach der Thesis des dritten, als des vierten Fußes. So Med. 499. *Medea*: Quodcunque feci. *Jason*: Restat hoc unum insuper. Med. 508. *Jas.*: Placare natis! *Med.*: Abdico, abjuro, abnuo u. s. w. (cfr. Med. 515. 517. 538; Herc. Oet. 755. 765. 892. 893. 896; Med. 870. 876), und im vierten Fuße: Med. 495. *Jas.*: Gravis ira regum est semper. *Med.*: Hoc suades mihi; Med. 497. *Jas.*: Medea amores obicit? *Med.* et caedem et dolos, u. s. w. (cfr. Med. 516. 530. 550. 873 etc.), selten nur fällt der Personenwechsel in den Anfang nach dem ersten Jambus, wie Med. 871: Donis. *Chor.*: In illis esse quis potuit dolus?

Wie sich nun das Verhältniß der Auflösungen im Trimeter gestaltet, wird am besten aus der folgenden Tabelle sichtbar, die sämmtliche Trimeter aus Seneca's Tragödien umfaßt.

Schema.

⏑⏑⏑⏑— ⏓—⏑— ——⏑⏓	2	—	—	2	1	1	2	—	1	3	
⏑—⏑— ⏓—⏑— ——⏑⏓	98	71	80	78	67	76	59	47	105	64	
—⏑⏑— ⏓—⏑— ——⏑⏓	39	27	29	54	33	42	34	46	55	36	
⏓—⏑⏑ ⏓—⏑— ——⏑⏓	67	42	32	53	63	64	41	50	99	35	
⏓—⏑— —⏑⏑— ⏓—⏑⏓	87	66	59	72	59	62	56	38	98	41	
⏓—⏑— ⏑⏑—⏑— ——⏑⏓	1	2	4	1	1	5	4	4	1	2	
⏓—⏑— ⏓—⏑⏑ ——⏑⏓	40	26	27	23	21	16	25	25	15	9	
——⏑— ——⏑⏑— ——⏑—	—	1 v. 650	—	—	—	—	—	—	—	—	
⏓—⏑— ⏓—⏑— ⏑⏑—⏓	110	85	81	115	95	116	73	82	185	81	
⏓—⏑— ⏓—⏑— —⏑⏑⏑—	—	—	—	—	—	—	2 v. 266 v. 268	—	—	—	
					340	386	296	289	560	272	3621
⏑⏑⏑⏑⏑⏑ ⏓—⏑— ——⏑⏓	—	—	—	—	—	1	2	1	1	—	5
⏑—⏑⏑⏑ ⏓—⏑— ——⏑⏓	15	7	11	19	13	13	9	11	10	4	112
—⏑⏑⏑⏑ ⏓—⏑— ——⏑⏓	8	6	3	8	6	11	4	9	10	1	66
⏑⏑⏑— ⏓—⏑— ⏑⏑—⏑⏓	—	—	—	—	—	—	2	1	—	—	3
⏑—⏑— ⏓⏑⏑— ——⏑⏓	17	7	5	22	8	19	8	9	12	12	119
⏑—⏑— ⏑⏑—⏑— ——⏑—	—	—	—	—	1 v. 515	—	—	—	1 v. 406	—	2
—⏑⏑— ⏓⏑⏑⏑— ——⏑⏓	9	6	3	7	5	4	14	8	10	1	67
⏑⏑— ——⏑⏑ ——⏑—	—	—	—	1 v. 685	—	—	—	—	—	—	1
⏑—⏑— ⏓—⏑⏑ ——⏑⏓	4	6	6	4	1	5	6	4	2	2	40
—⏑⏑— ⏓—⏑⏑ ——⏑⏓	3	2	2	2	2	3	2	1	1	—	18
—⏑⏑— ———⏑⏑ ——⏑—	—	—	—	1 v. 265	—	—	—	—	—	—	1
⏑⏑⏑— ——⏑— ⏑⏑—⏑⏑	—	1 v. 192	—	—	—	—	—	—	—	—	1
⏑—⏑— ⏓—⏑— ⏑⏑—⏑⏓	27	23	11	25	23	26	16	23	24	16	214
—⏑⏑— ⏓—⏑— ⏑⏑—⏑⏓	14	16	8	11	16	13	8	14	22	6	128
⏓—⏑⏑⏑ ⏓⏑⏑— ——⏑⏓	6	8 (1)	6 (1)	8	6	8 (1)	11	6	12 (1)	7 (2)	78 (6)

	Schema.	Hercules furens.	Thyestes.	Phoenissae.	Hippolytus.	Oedipus.	Troades.	Medea.	Agamemnon.	Hercules Oetaeus.	Octavia.	Summa.
	⏓—⏑⏑⏑ ⏓—⏑⏑⏑ ——⏑⏓	3	2	1	2	2	7	2	7	4	4	34
	⏓—⏑⏑⏑ ⏓—⏑— ⏑⏑—⏑⏓	21	12	8	23	22	16	10	11	43	15	181
	——⏑— ⏑⏑⏑⏑⏑ ——⏑—	—	—	—	—	1 v. 790	—	—	—	—	—	1
	⏓—⏑— —⏑⏑⏑⏑⏑ ——⏑⏓	3	5	6	2	—	4	4	4	4	4	36
	——⏑— ⏑⏑—⏑⏑⏑ ——⏑⏓	—	—	—	2 v. 1040 u. 1235	—	1 v. 498	—	—	—	—	3
?	⏓—⏑— ⏑⏑—⏑— ⏑⏑—⏑⏓	—	1	—	1	1	2	1	—	1	1	8
3	⏓—⏑— ⏓⏑⏑⏑— ⏑⏑—⏑⏓	21	15	9	20	8	13	17	17	35	12	167
4	⏓—⏑— —⏑⏑⏑— —⏑⏑⏑—	1 v. 408	—	—	—	1 v. 846	—	—	—	—	—	2
	Summe der Verse mit zwei Auflösungen, incl. der Verse mit viersilbigen Füßen .... (s. unten.)	152	117	81	158	116	148	118	126	192	85	1293
5	⏑⏑⏑⏑⏑ —⏑⏑⏑— ——⏑—	—	—	—	—	—	1 v. 238	—	—	—	—	1
6	⏑⏑—⏑⏑⏑ ⏓⏑⏑⏑— ——⏑⏓	—	1 v. 409	1 v. 336	2	—	4	—	1 v. (1004)	—	1 v. 193	10
7	—⏑⏑⏑⏑⏑ ⏓⏑⏑⏑— ——⏑⏓	2	—	1 v. 261	1 v. 412	1 v. 834	2	3 (1)	2	1	1 v. 414	14
8	⏑⏑—⏑⏑⏑ ⏓—⏑⏑⏑ ——⏑⏓	—	—	2	3	—	—	1	—	—	—	6
9	—⏑⏑⏑⏑⏑ ——⏑⏑⏑ ——⏑⏓	—	1 v. 544	—	—	—	—	1 v. 439	—	—	—	2
0	⏑⏑⏑⏑⏑⏑ ——⏑— ⏑⏑—⏑⏓	—	—	—	—	—	1 v. 646	1 v. 926	1 v. 194	1 v. 1829	—	4
1	⏑⏑—⏑⏑⏑ ⏓—⏑— ⏑⏑—⏑⏓	4	2	3	4	1	8	1	4	6	1	34
2	—⏑⏑⏑⏑⏑ ——⏑— ⏑⏑—⏑⏓	3	3	1	2	2	1	—	3	5	1	21
3	—⏑⏑⏑— —⏑⏑⏑⏑⏑ ——⏑⏓	1	—	1	—	—	—	3	2	2	2	11
4	⏑⏑—⏑— —⏑⏑⏑⏑⏑ ——⏑⏓	1	—	1	—	—	3	—	—	2	1	8
5	⏑⏑—⏑— ⏓⏑⏑⏑— ⏑⏑—⏑⏓	2	—	2	3 (2)	1	2	4	1	2	4	21
6	⏑⏑—⏑— ⏑⏑⏑⏑— —⏑⏑⏑—	—	—	—	—	—	—	1 v. 472	—	—	—	1
7	⏓⏑⏑⏑— —⏑⏑⏑— ⏑⏑—⏑⏓	2 (1)	3	1	2	3 (1)	1	2	1	2	1	18

Nro.	Schema.	Hercules furens.	Thyestes.	Phoenissae.	Hippolytus.	Oedipus.	Troades.	Medea.	Agamemnon.	Hercules Oetaeus.	Octavia.	Summa.
48	∪∪—∪— ——∪∪∪ ∪∪—∪—	—	1 v. 1053	—	—	—	—	—	—	—	—	1
49	——∪∪∪ —∪∪∪∪∪ ——∪—	—	—	1	2	1	2	—	—	—	—	6
50	⊻—∪∪∪ ⊻∪∪∪— ∪∪—∪—	1	2	1	—	—	2 (1)	5 (1)	3	2	2	1[illegible]
	Summe der Verse mit drei Auflösungen, incl. der viersilb. Füße	16	13	15	19	9	28	22	18	23	15	17[illegible]
51	∪∪—∪∪∪ —∪∪∪∪∪ ——∪—	—	1 v. 33	1 v. 210	—	1 v. 61	—	—	—	—	—	3
52	—∪∪∪∪∪ ∪∪∪∪— ∪∪—∪—	1 v. 229	—	—	—	—	—	—	—	—	—	1
53	∪∪—∪∪∪ ⊻∪∪∪— ∪∪—∪—	—	—	—	—	—	1 v. 250	1 v. (170)	1 v. 779	—	—	3
	Summe der Verse mit vier Auflösungen	1	1	1	—	1	1	1	1	—	—	7
54	∪∪∪∪∪— ∪—∪— ——∪—	—	1	1	2	—	4	—	1	1	1	11
55	∪∪∪∪∪— ∪̄—∪— ∪∪—∪—	—	—	—	—	—	1	1	—	—	—	2
56	∪∪∪∪∪— ——∪∪∪ ——∪—	—	—	1	—	—	1	—	—	—	—	2
57	∪∪∪∪∪— —∪∪∪— ——∪—	—	—	1	—	—	—	1	—	—	—	2
58	∪∪∪∪∪— —∪∪∪— ∪∪—∪—	—	—	—	—	—	1	—	—	—	1	2
	Summe der Verse mit viersilbigen Füßen	—	1	3	2	—	7	2	1	1	2	19
	Summe aller Trimeter	1043	764	673	963	743	925	687	710	1408	595	8511
	Summe aller Auflösungen	800	598	524	773	603	770	602	599	1013	487	676[illegible]

Schon auf den ersten Anblick der Zahlen zeigt sich, daß der Dichter vorzugsweise gern die dreisilbigen Füße angewandt hat, denn sämmtliche vorkommende Auflösungen zusammengerechnet, fallen auf die 8511 Trimeter 6769 dreisilbige und sogar 19 viersilbige Füße, welche sonst im Trimeter gar nicht zulässig sind, und von denen nachher die Rede sein wird. Das Verhältniß der Auflösungen zu den Versen stellt sich demnach wie 6769 : 8511 oder wie 0,795 .... : 1, d. h. auf 5 Trimeter kommen fast vier Auflösungen. Doch zeigen auch hierin die einzelnen Stücke große Verschiedenheit, wie sich aus den betreffenden Verhältnissen ergiebt. Die verhältnißmäßig größte Zahl der dreisilbigen Füße findet sich in der Medea, wo auf 687 Verse 602 Auflösungen (602 : 687 = 0,876 : 1), also fast auf 10 Verse neun Auflösungen kommen. Dann folgt der Agamemnon ($^{599}/_{710}$ = 0,846), Troades ($^{770}/_{925}$ = 0,832), Octavia ($^{487}/_{595}$ = 0,818), Oedipus ($^{603}/_{743}$ = 0,810), Hippolytus ($^{773}/_{963}$ = 0,802); ein merklicher Unterschied ist nun gleich zwischen diesem und Thyestes ($^{598}/_{764}$ = 0,781), Phoenissae ($^{524}/_{673}$ = 0,778) und Hercules furens ($^{800}/_{1043}$ = 0,766). Am wenigsten Auflösungen hat der Hercules Oetaeus ($^{1013}/_{1408}$ = 0,72), im Verhältniß zur Anzahl seiner Verse, und zwar kommen hier auf 10 Verse wenig über sieben Auflösungen, so daß gegen die Medea gehalten jenes Stück fast auf je 10 Verse zwei dreisilbige Füße weniger hat als dieses. Die übrigen entfernen sich außer Agam. und Troad. wenig von dem Durchschnittsverhältniß, welchem der Hipp. und Thyest. am nächsten stehen, jener oberhalb, dieser unterhalb. Doch tritt der Unterschied zwischen den einzelnen Stücken noch viel auffallender in dem Verhältniß der einzelnen Versformen und ihrem Vorkommen hervor, zu deren Betrachtung wir nun übergehen.

Ein Vers, welcher sechs Jamben enthielte, findet sich bei Seneca nicht, vielmehr sind an den ungleichen Stellen die Spondeen häufiger als die Jamben. Am seltensten sind diese im fünften Fuße, wo im Ganzen nur sechs Verse den Jambus haben, und zwar vier derselben in Eigennamen: Med. 512 Phoebi nepotes Sisyphi nepotibus; Thyest. 115 Phoronides; Med. 709 Promethei; Herc. Oet. 804 Caphariides; Troad. 195 Polyxena, und endlich Troad. 1080 cujus e cacumine. Auch im dritten und ersten Fuße ist der Jambus viel seltner als der Spondeus, namentlich an dritter Stelle, weil der Vers dann zu wenig Halt bekommen würde. Doch durften deshalb Verse wie Herc. fur. 390 Riget superba Tantalis luctu parens oder gar Herc. fur. 619 An ille domitor orbis et Grajum decus nicht von Bothe in Zweifel gezogen werden, bloß weil sie den Jambus an dritter Stelle enthielten. Namentlich aber haben es in diesem Falle die Dichter möglichst vermieden, drei einen Trochäus bildende Wörter auf einander folgen zu lassen, wie Herc. fur. 454 Num monstra saeva Phoebus aut timuit feras? oder Oedip. 842 Nec rursus iste vultus ignotus mihi; Oedip. 978 Rigat ora foedus imber und Oedip. 1009 Et haeret ore prima vox etc. (cfr. Hipp. 465. 688. 909. 1232; Troad. 8; Med. 431. 730; Agam. 277. 278; Herc. Oet. 735; Oct. 114. 115; Herc. fur. 592), vielmehr haben sie, wenn drei zweisilbige Worte an dieser Stelle des Verses auf einander folgen, den Vers dadurch gekräftigt, daß sie als mittleres ein solches nahmen, welches einen Spondeus bildete, dem dann ein Trochäus folgte und vorherging. Aber auch selbst wenn die Trochäen nicht durch selbstständige Worte dieses Maßes gebildet wurden, waren sie nicht minder anstößig, und sind deshalb auch Verse wie Herc. fur. 47 Effregit ecce limen inferni Jovis oder 650 Memorare cogis acta securae quoque immer nur selten zu finden (cfr. Thyest. 674; Hipp. 668 und Schmidt a. a. O. p. 25 u. 50).

Am häufigsten sind daher die Verse so gebaut, daß an den ungeraden Stellen der Spondeus, an den geraden der Jambus steht, wie Hipp. 499 Suffigit auro. Non cruor largus pias, oder Med. 507 Hinc rex et illinc. Est et his major metus etc. Das Verhältniß dieser Form des Trimeters mit sechs zweisilbigen Füßen ist fast in allen Stücken dasselbe, nämlich etwa auf 25 Trimeter kommen zehn so gebaute ($^{8511}/_{3412}$ = 2,49), nur in der Medea ist es merklich größer, = 2,75, dann in der Octavia 2,66, und Oed. 2,6, wo also auf 27 Verse erst zehn so gleichmäßig gebaute Trimeter kommen. Die übrigen Stücke halten sich etwa gleich der Mitte nahe, und nur Herc. Oet., der ja die wenigsten Auflösungen im Verhältniß zur Zahl seiner Verse hatte, bleibt merklich dahinter zurück ($^{1408}/_{633}$ = 2,2), in dem hier schon auf 22 Verse zehn solche Trimeter kommen. Dieses Schema des Trimeters variirt nun durch Auflösungen des Jambus oder Spondeus und zwar so, daß an den geraden Stellen, also der zweiten, vierten, nie aber an der sechsten als am Versschluß der Tribrachys zugelassen wird, an den ungeraden jedoch, der ersten, dritten und fünften der Daktylus, Anapäst und Tribrachys, wenn auch mit gewissen Beschränkungen, und durch die Verbindung dieser verschiedenen Auflösungen an verschiedenen Stellen desselben Verses entsteht die große Anzahl verschiedener Trimeter. Endlich hat sich Seneca auch in 19 Versen an erster Stelle den proceleusmaticus, also einen sonst im Trimeter ganz ungewöhnlichen viersilbigen Fuß erlaubt, über dessen Vorkommen nachher zu sprechen sein wird.

Was nun zunächst die Verse mit nur einer Auflösung betrifft, so ist der Tribrachys an zweiter Stelle an die Bedingung gebunden, daß die zwei kurzen Silben der Arsis in ein Wort fallen müssen; am häufigsten findet er sich im Oedipus, wo auf 12 Verse etwa einer kömmt, welcher den Tribrachys an zweiter Stelle hat, am seltensten in den Phoenissen (1 : 21), während das Durchschnittsverhältniß ist 1 : 15,6, also etwa auf 31 Verse zwei solche kommen. Auch im vierten Fuße gilt dasselbe Gesetz für die zwei Silben der Arsis, nur ist es hier einige Male übertreten, indem zwei Worte in die Arsis zugelassen werden. So z. B.: Et sacra dirae mortis in aperto jacent Herc. fur. 56; Doceam? Magister juris et amoris pii Phoen. 330 [cfr. Thyest. 20; Hipp. 501; Oedip. 61. 330. 622. 969; Troad. 682. 981. 987. 1001. 1158; Agam. 884; Herc. Oet. 1441; Octav. 501. und Schmidt a. a. O. p. 46]. Ueberhaupt ist der Tribrachys an vierter Stelle viel seltener als an zweiter Stelle, und zwar am häufigsten im Her. fur. (1 : 26), am seltensten wieder im Hercules Oetaeus (1 : 94), während das Durchschnittsverhältniß 1 : 37,5 ist. Außer dem Tribrachys haben sich die Dichter sonst nie an diesen Stellen eine Auflösung erlaubt, wie ja auch der Spondeus nicht zulässig war. Nur zwei Verse machen, wie sie jetzt vorliegen, eine Ausnahme, indem in dem einen im vierten Fuße ein Daktylus, in dem andern ein Anapäst steht. Nämlich Thyest. 650 heißt es: ărcānă īn īmō rĕgĭă sĕcēssū pătĕt, wo nicht einmal in den Handschriften abweichende Lesarten sich finden, welche dem Fehler des Metrums abhelfen würden. Daß aber in dem Worte regia das i als Consonant zu fassen wäre, wodurch statt des Anapäst ein Jambus erhalten würde, ist kaum glaublich, da nach dem g das j eine große Härte der Aussprache herbeiführen würde. Für diese Aussprache des j könnte vielleicht zum Belege dienen Agam. 589. Effugium et miseros libera mors vocet, wo Effugium dreisilbig zu lesen ist, damit der Asclepiadeus minor wirklich erscheint; doch ist hierbei immer noch eine merkliche Differenz zwischen dem Gebrauch in den Chorliedern, namentlich zu Anfang der Verse, und in den Trimetern; außerdem ist auch dieses Beispiel noch gar nicht sicher, da auch die Auflösung des Spondeus zu Anfang des Verses in den Daktylus ihre Analogien beim Sapphicus und Glyconeus findet; doch davon später. Es bleibt dieser Vers also noch eine offene Frage, ebenso wie der andere Hipp. 265: Nŏn făcĭlĕ quisquam ăd vītăm rĕvŏcārī pŏtĕst. Hier haben freilich schon viele Kritiker eine Besserung versucht und die meisten den Vers ganz ausgestoßen, aber für den Sinn ist er durchaus nicht unerträglich, vielmehr antwortet der sinnlosen Phaedra, welche von eigner Hand den Tod sucht, die alte nutrix:

> Sic te senectus nostra praecipiti sinat
> Perire leto? Siste furibundum impetum!
> Non facile quisquam ad vitam revocari potest.

d. h. Halt ein, leicht ist der Mensch getödtet, aber schwer kann er dann wieder zum Leben gebracht werden und die Reue kömmt nachher zu spät. Auch Gronov (p. 236) erkennt dies wohl an, aber freilich wiegt der Fehler des Metrums schwer genug. Doch ist schwer zu sagen, wie dem Texte zu helfen sei, und so viel ist sicher, daß, wenn Seneca an vierter Stelle den Dactylus zulassen konnte, er noch mit viel größerm Rechte den Anapäst anwenden durfte, der wenigstens gleich wie der Jambus aufsteigenden Rhythmus hat.

An den ungleichen Stellen des Verses hat Seneca, wie schon oben bemerkt, alle drei Füße, den Tribrachys, Dactylus und Anapäst neben Spondeus und Jambus zugelassen. Und zwar findet sich der Tribrachys überhaupt als erster Fuß des Trimeters nur 27 Mal, als einzige Auflösung des Verses sogar nur in 12 Versen, und dann immer so, daß die beiden Kürzen der Arsis zu demselben Worte gehören wie Hipp. 644 ut agilis altas flamma percurrit trabes etc. Da also der Tribrachys sich an erster Stelle bisweilen findet, so ist kein Grund vorhanden, weshalb in den schon oben angeführten Versen Herc. fur. 244 petiit ab ipsis nubibus Stymphalidas; Herc. fur. 321 abiit arenas, und Troad. 810 rediit Achilles er nicht auch zulässig sein sollte, zumal die abweichende Betonung bei so vielen Beispielen dafür kein Anstoß sein kann;

es ist deshalb auch nicht nöthig dem Seneca die Verlängerung der Endsilben in jenen drei Perfektis zuzuschreiben, von der sonst kein Beispiel bei ihm sich findet. Zu erwähnen ist noch, daß gerade diese Form des Trimeters am häufigsten in der Octavia sich findet, in den Phoen., Agam. und Thyest. gar nicht. Ungleich häufiger findet sich der Anapäst statt des ersten Jambus, und zwar sowohl mit Auflösungen in andern Stellen zusammen, als auch allein. Das Letztere ist der Fall in 745 Trimetern, von welchen die meisten auf die Phoenissen kommen, die wenigsten auf Herc. Oet. wieder, denn dort ist unter 8 Versen, hier unter 13 nur einer, welcher den Anapäst als einzige Auflösung im ersten Fuße hat. Während aber andere Dichter, auch Plautus *) und Phaedrus **) stets den Anapäst so bildeten, daß seine drei Silben zu einem Worte gehörten, oder die zwei Kürzen der Thesis ein Wort ausmachten, die Arsis vom folgenden entnommen war, hat Seneca in mehr als 40 Versen die Thesis des Anapäst zwischen zwei Worte getheilt, wie Hipp. 726 Fer opem; Thyest. 1049 Quis inhospitalis etc. ***) Ja er hat sogar den Anapäst aus drei Wörtern bisweilen zusammengesetzt, wie Herc. fur. 66 nec in astra; ibid. 247 nec ad omne; ibid. 1341 sed et ille; cfr. Thyest. 748; Phoen. 255. 370. 394. 577; Med. 285; Herc. Oet. 963. Viel seltener ist der Daktylus zu Anfang des Trimeters gebraucht, nämlich in 395 Versen, von denen die Meisten im Hippolytus vorkommen, wo fast jeder 14te Vers vorn einen Daktylus hat, die wenigsten im Herc. fur. und Herc. Oet. (1 : 27 und 1 : 26), während die andern Stücke sich etwa in der Mitte halten. Immer aber ist, auch wenn noch mehrere Auflösungen in demselben Trimeter auf den Daktylus folgen, dieser so gebildet, daß er ganz oder doch wenigstens die Arsis aus einem Worte genommen ist; nur ein einziges Mal ist die Arsis getheilt Oedip. 263 Quidquid ego fugi. Im dritten Fuße ist der Daktylus am häufigsten angewandt, seltener der Tribrachys, doch ist dieser immer noch nicht selten zu finden, z. B. im Herc. fur. 63. 229. 275. 375. 409. 425. 688. 736. 963. 1005. 1043. 1255, †) so daß Bothe ††) mit Unrecht ihn an dieser Stelle dem Seneca absprach.

*) Ritschl praefat. Mil. glor. p. XXII.

**) Lange Rhein. Mus. XIII, p. 202 u 203.

***) Schmidt a. a. O. p. 42, 43, 47.

†) ebend. p. 51.

††) Bothe ad Herc. fur. 1005.

Beide Versfüße zusammen finden sich 639 Mal, und haben das gemeinsame Gesetz, daß ihre Arsis nicht zwischen zwei Worte getrennt wird, doch ist davon beim Tribrachys eine Ausnahme Oedip. 766 Superi inferique. Sed animus contra innocens, beim Daktylus Thyest. 415 Fulgore non est quod oculos falso auferat; Thyest. 640 Non quaero quis sit, sed uter, wo beide Male indeß die beiden Worte eng zusammenhängen, und Agam. 795 Hic Troja non est. Ubi Helena est Trojam puto, wo Einige vielleicht richtiger schreiben Helena ubi est. Ueberhaupt findet sich Daktylus oder Tribrachys als einziger dreisilbiger Fuß an dritter Stelle am meisten im Thyest. und Hippol. (Verhältniß 1 : 12), am seltensten im Agamemnon (1 : 19). Was endlich den Anapäst an dritter Stelle betrifft, so sind bereits oben, als von der Cäsur die Rede war, die wenigen Beispiele, in denen er überhaupt zugelassen ist, angeführt. Zu erwähnen ist hier noch, daß in allen diesen Versen nach der ersten Dipodie ein viersilbiges Wort folgt, dessen drei erste Silben den Anapäst ausmachen. Zwei gerechtfertigte Ausnahmen davon machen die Verse Oed. 775 inter senem juvenemque jam propior seni, wo die Partikel que sich so eng an das Nomen anschließt, daß beide gleichsam ein Wort bilden, und Oct. 417 aetatis in hac satis esse consilii reor, wo wieder satis esse fast zu einem Verbum verschmilzt. Dies gilt sowohl von den Versen, welche außer dem Anapäst noch in andern Stellen andere dreisilbige Füße enthalten, als auch von denen, wo er die einzige Auflösung ist. Das Letztere findet am meisten Statt in den Phoenissen (1 : 166), dann in der Medea und den Troades (1 : 170—180), im Agamemnon gar nicht; in der Regel steht dann im ersten Fuße der Spondeus, z. B. Oedip. 791 sed pars magis metuenda fatorum manet etc. Im fünften Fuße endlich ist der Anapäst bei weitem überwiegend. Da nämlich der letzte Fuß rein gehalten werden mußte, so waren Anapäst und Spondeus für die vorletzte Stelle am passendsten, wie sich auch nachher bei den Versen mit zwei Auflösungen zeigen wird. Am allerhäufigsten hat gerade diese Versform, wo der Anapäst allein im fünften Fuße steht, der Herc. Oet. (Verhältniß 1 : 7,4), dann die Octavia, am seltensten Agamemnon (1 : 8,7), obwohl bei dieser Art des Trimeters nur unbedeutende Differenzen in den Verhältnissen der einzelnen Stücke hervortreten. Immer aber ist hier die Regel festgehalten, daß der Anapäst von einem Worte gebildet wird, oder nur dann von zweien, wenn in dem ersten die beiden Kürzen, in dem zweiten die Länge enthalten ist. Um aber die so entstehende Cäsur vor der Arsis des fünften Fußes zu verdecken, hat Seneca meist das Ende des Verses so gebaut, daß das vorletzte Wort mit dem letzten, welches dann ein dreisilbiges sein muß, durch Elision sich verbindet, oder auch mit dem vorletzten Worte, wenn dieses ein einsilbiges und das letzte ein zweisilbiges ist, z. B. pertinax animo abnuet oder regias egone ut faces. Meist nämlich beginnt auch in diesem Falle das Wort, welches die Thesis des Anapäst bildet, erst mit dem fünften Fuße, wie in den eben angeführten Beispielen, seltener geht es durch den vierten und fünften Fuß hindurch, wie Herc. fur. 310 magnanimi Herculis; ibid. 42 laetus imperia excipit; ibid. 358 exitium ac lues; Thyest. 678 superstitio in ferum. Doch finden sich auch Beispiele, in denen zwei Worte ohne Elision den Anapäst bilden, wie Thyest. 1088 mala sit mea; Phoen. 354 non satis est adhuc etc., wo jedoch die Copula sich sehr eng an das vorhergehende Wort anschließt. Ohne diese Entschuldigung sind aber Verse wie Herc. Oet. 406 caret Hercule; ibid. 1847 daret Hercules; Oct. 393 genus impium Herc. Oet. 757 feror obruta; während fünf andere Beispiele nicht hierher zu rechnen sind, in denen nescio die Arsis des vierten und Thesis des fünften Fußes bildet, wie Herc. fur. 1147 nescio quid mihi (cfr. Hipp. 858; Oedip. 915; Med. 917; Herc. Oet. 1346), denn schon oben ist gezeigt, daß nescio besser zweisilbig zu behandeln ist, und wenn es im ersten Fuße so angewandt wurde, konnte es auch an einer andern Stelle des Verses geschehen. Wenn endlich der Anapäst aus einem Worte besteht, so ist es meist ein viersilbiges, welches die Arsis des vierten Fußes mit ausmacht, wie Herc. fur. 4 pellicibus dedi; ibid. 7 Argolicas agit etc., oder es ist ein dreisilbiges, dem ein einsilbiges vorausgeht, wie Herc. fur. 74 quaerit ad Superos viam etc.; viel seltener ist es ein fünfsilbiges Wort, welches den vierten und fünften Fuß zugleich bildet, wie Herc. fur. 58 superbificâ manu.

Der Tribrachys im fünften Fuße findet sich nirgends, weder allein, noch mit andern Auflösungen in demselben Verse zusammen; auch der Daktylus ist selten, nämlich sicher nur in vier Stellen, und zwar steht dann immer in der Arsis des fünften Fußes ein viersilbiges Wort, welches vier Kürzen enthält, und zugleich den sechsten Jambus mit bildet, indem die Endsilbe des Verses durch Elision mit est verlängert wird oder kurz bleibt, was ja an dieser Stelle erlaubt ist. Dreimal steht so memŏrĭă Herc. fur. 408 ōmnīs mĕmŏrĭă; Oedip. 846 ăncēps mĕmŏrĭă, beidemal mit Auflösungen in andern Füßen desselben Verses; ferner als einziger dreisilbiger Fuß Med. 266 māchĭnātrīx făcĭnŏrŭm und Med. 268 fāmaē mĕmŏrĭă ĕst. In einem fünften Beispiele Med. 472 ist wohl besser in arietis das i consonantisch zu fassen: Adice expetita spolia Phrixei arietis, um so den Daktylus zu vermeiden.

Von den Versen, welche nur eine Auflösung enthalten und von denen bis jetzt diejenigen betrachtet wurden, in welchen sich dreisilbige Füße finden, zugleich mit einigen Bestimmungen über das Vorkommen der einzelnen Versfüße an den einzelnen Stellen des Trimeters, bleiben nun nur noch diejenigen zu betrachten übrig, welche im ersten Fuße einen Proceleusmaticus haben, also einen im jambischen Trimeter ganz ungebräuchlichen Versfuß. Denn da der erste Fuß stets größere Freiheiten besaß als die übrigen, so wird es immer eher glaublich erscheinen, daß der Spondeus desselben zum Proceleusmaticus aufgelöst wurde, als daß auf den Tribrachys an erster Stelle ein Anapäst in zweiter folgte, was bei Leugnung des viersilbigen Fußes geschehen müßte. Dazu kömmt, daß in allen diesen Versen zu Anfang ein zweisilbiges Wort steht, dessen zwei kurze Silben gleichsam die Thesis des Spondeus bilden, während ein darauf folgendes dreisilbiges Wort die Arsis des ersten und die Thesis des zweiten Fußes ausmacht; nur scheinbar ist Troad. 949 Vide ut animus ingens davon eine Ausnahme, denn die beiden Worte vide ut erlangen durch die Elision die Geltung von einem, und so stimmt auch dieser Vers mit den übrigen in der Bildung überein. Dagegen ist Hipp. 1275 patefacite acerba ein fünfsilbiges Wort gebraucht, wo indeß die Composition deutlich genug die zwei ersten Silben von den zwei letzten des Proceleusmaticus trennt. Als einzige Auflösung erscheint der Proceleusmaticus in elf Versen, neben einer zweiten in sechs und neben zwei andern in zwei Versen; doch da das Gesetz der Anwendung in Allen dasselbe ist, so mögen sie gleich hier zusammengestellt werden.

1) Troad. 171. Pavet animus; artus horridus quassat tremor.
„ 417. Mihi cecidit olim; cum ferus curru incito.
„ 461. Mihi gelidus horror ac tremor somnum expulit.

Troad. 1150. Movet animus omnes fortis et leto obvius.
Agam. 280. Ubi dominus odit? Fit nocens; non quaeritur.
Herc. Oet. 1744. Gerit aliquid ardens. Omnibus fortem addidit.
Oct. 117. Modo facibus atris armat infirmas manus.
Phoen. 352. Tumet animus ira, fervet immensum dolor.
Thyest. 289. Nisi capere vellet. Regna nunc sperat mea.
Hipp. 165. Scelus aliqua tutum, nulla securum tulit.
„ 1275. Patefacite acerba caede funestam domum.

2) Troad. 576. Ubi Priamus? Unum quaeris; ego quaero omnia.
Phoen. 44. Ego video. Tandem spiritum inimicum exspue.

3) Troad. 949. Vide ut animus ingens laetus audierit necem.
Med. 671. Pavet animus, horret; magna pernicies adest.

4) Med. 489. Tibi patria cessit, tibi pater, frater, pudor.
Phoen. 221. Ego laticis haustu satior, aut ullo fruor.

5) Troad. 36. Prior Hecuba vidi gravida, nec tacui metus.
Oct. 119. Modo trepidus idem refugit in thalamos meos.

Sehr auffallend ist bei dieser Art von Versen die Verschiedenheit zwischen den einzelnen Stücken. Denn während von den 19 Versen die Troades allein sieben enthalten, haben Herc. fur. und Oedipus gar keinen, Herc. Oet. nur einen, obwohl gerade diese Stücke, Herc. fur. und Oet. die meisten Trimeter enthalten.

Viel mannichfaltiger sind die Versformen, in denen je zwei dreisilbige Füße sich finden. Da nun bereits früher über die Zulassung der einzelnen Versfüße an den einzelnen Stellen des Verses gesprochen ist, so bleiben hier nur noch die verschiedenen Combinationen zu betrachten, welche zwischen den einzelnen Füßen vorkommen. Am wenigsten mit den sonst bei den Dichtern im Trimeter geltenden Gesetzen übereinstimmend ist gleich die erste Form, wo nämlich sowohl der erste als zweite Fuß zum Tribrachys aufgelöst ist, worauf ein Spondeus, einmal sogar noch ein Jambus an dritter Stelle folgt, so daß sieben kurze Silben unmittelbar an einander stoßen. Doch ist auch hier ein bestimmtes Gesetz festgehalten. Nämlich entweder beginnt der Vers mit einem viersilbigen Worte, auf welches ein dreisilbiges folgt; dann bildet das letztere einen Anapäst, es steht also im dritten Fuße ein Spondeus, wie: Med. 53 repudia thalamis! quo virum linquis modo? und Med. 434 remedia quoties invenit nobis deus. Oder es steht zu Anfang ein einsilbiges Wort von untergeordneter Geltung, wie et, quid, sed, dann folgt ein dreisilbiges Wort, welches mit einem Vokal anfängt und selbst einen Tribrachys bildet, hierauf ein zweites dreisilbiges von der Messung eines Anapästs (2mal) oder eines Tribrachys (1mal). So lesen wir: Herc. Oet. 299 quid odia valeant; nescit irasci satis; Troad. 912 Et Hecuba Priamum; solus occulte Paris, endlich Agam. 951 sed agere domita feminam disces malo. Da nur fünf Verse überhaupt von dieser Bildung vorkommen, so ist es bemerkenswerth, daß zwei davon der Medea zufallen, während sechs Stücke keinen enthalten, doch ist ja gerade in dieser Tragödie das Verhältniß der Verse mit dreisilbigen Füßen am größten, wie sich oben ergab. Dasselbe Gesetz befolgen die Verse, wo neben den zwei Füßen der ersten Dipodie noch ein dritter aufgelöst ist, doch davon später. Weit häufiger ist die Art der Verse, welche in der ersten Dipodie zwei verschiedene Auflösungen haben, also entweder Daktylus und Tribrachys oder Anapäst und Tribrachys. Und zwar ist der Daktylus in 66 Versen, der Anapäst in 112 Trimetern angewandt, jener am häufigsten im Agamemnon (9), dieser im Hippolytus (19). Eine vierte Combination von zwei Auflösungen in der ersten Dipodie kann es nicht geben, da an zweiter Stelle nur der eine Tribrachys zulässig ist. Es folgen nun die Trimeter, in welchen eine Auflösung im dritten Fuße mit der im ersten zugleich vorkommt. Obwohl von dieser Gattung der Verse sich neun Arten finden könnten, indem jeder der drei dreisilbigen Füße an beiden Stellen zulässig ist und sich mit jedem an der andern Stelle verbinden kann, so sind doch nur sechs Formen zugelassen. Es fehlt nämlich die Verbindung des Tribrachys an erster Stelle mit dem Tribrachys und dem Daktylus an dritter Stelle, sowie die Combination des Daktylus im ersten mit dem Anapäst im dritten Fuße. Demnach bleiben noch sechs Formen übrig, deren Schemata sind:

∪∪∪ ∪– –∪∪ (3 mal)

∪∪– ∪– ∪∪∪ }
∪∪– ∪– –∪∪ } (119 mal)

∪∪– ∪– ∪∪– (2 mal)

–∪∪ ∪– –∪∪ }
–∪∪ ∪– ∪∪∪ } (67 mal).

Von der ersten dieser Formen, welche dreimal sich findet, fallen wieder zwei Verse auf die Medea, der dritte auf Agamemnon, und zwar ist die Cäsur hier überall nach der Länge des Daktylus angebracht. Zu Anfang steht ein viersilbiges Wort, dem ein zweisilbiges folgt, oder ein dreisilbiges, an welches ein zweites dreisilbiges sich anschließt, das aus einer Kürze und zwei Längen besteht. Der Art sind die Verse Med. 557: memoria nostri sedeat; haec irae data est; Agam. 563: Jonia jungi maria Phrixeis vetat, endlich Med. 448 fugimus, Jason, fugimus, Hoc non est novum. Auch hier ist es wieder das Wort memoria, welches, wie oben beim Daktylus im fünften Fuße mit seinen vier kurzen Silben dem Dichter Schwierigkeiten gemacht zu haben scheint. Viel häufiger sind die Verse, wo auf den Anapäst im ersten Fuße im dritten der Tribrachys oder Daktylus folgt, denn von dieser Art finden sich 119, die meisten abermals im Hippolytus (22), die wenigsten in den Phoenissen (5). Nur zweimal aber finden sich im ersten und dritten Fuße zugleich Anapästen, während der Anapäst zugleich an erster und fünfter Stelle die häufigste Art des Trimeters mit zwei Auflösungen ist (214). Jedenfalls hat in der Mitte die Cäsur zur Vermeidung dieses Versfußes viel beigetragen, von deren Gebrauch in solchen Versen oben die Rede gewesen ist, wo auch die beiden hierher gehörigen Verse angeführt wurden: Oed. 515 Ubi turpis est medicina, sanari piget. und Herc. Oet. 406 Minus est. Toro caruisse regnantis leve est. Dagegen folgt wieder oft auf den Daktylus an erster Stelle ein Tribrachys oder Daktylus im dritten Fuße; von den 67 Beispielen dafür kommen die meisten wieder auf die Medea (14), während merkwürdigerweise die Octavia nur eins enthält.

Unbequem ist ferner der eine Vers: Hipp. 685 Sceleremque tanto visus? ego solus tibi, weil hier beide Vershälften ganz gleich sind, obwohl sie nicht durch die Cäsur getrennt werden, denn das würde ganz unerträglich gewesen sein; viel öfter dagegen steht im ersten Fuße ein Daktylus oder Anapäst, wenn im vierten der Tribrachys angewandt ist, jener in 18, dieser in 40 Versen, etwa in gleichem Verhältniß in den einzelnen Stücken, nur am wenigsten wieder im Herc. Oet. Eine vierte Form dieser Auflösungen im ersten und vierten Fuße zugleich dürfte es nicht geben, da im vierten Fuße nur der Tribrachys zulässig ist, doch würde der schon oben besprochene Vers Hipp. 265 eine solche zeigen, nämlich den Daktylus in beiden Füßen, weshalb er mit Recht Anstoß erregte.

Selten findet sich ferner nach der Auflösung des ersten Fußes eine zweite im fünften, mit Ausnahme des Falles, wo an beiden Stellen der Anapäst steht (214 mal, am meisten in den Troades), und wo dem Daktylus im ersten Fuße der Anapäst im fünften folgt (128 mal, am meisten im Agamemnon). Immer also steht der Anapäst im fünften Fuße, und dieser folgt auch in dem einzigen Beispiele, wo noch zwei Auflösungen in den genannten beiden Füßen sich finden, auf den Tribrachys im ersten Fuße Thyest. 192 age anime, fac, quod nulla posteritas probet.

Während bisher die Verse betrachtet wurden, in welchen außer einer Auflösung des ersten Fußes sich eine zweite im zweiten, dritten, vierten oder fünften fand, denn im sechsten ist ja keine zulässig, so folgen nun diejenigen Trimeter, welche neben dem Tribrachys im zweiten Fuße noch andere dreisilbige Versfüße in den folgenden Stellen enthalten. Zunächst steht im dritten Fuße der Daktylus oder Tribrachys, der Letztere zwar nur selten, zusammen 78 mal, so daß, da im vierten Fuße der Jambus allein zuläßig ist, wieder sieben Kürzen zusammentreffen. So findet sich der Tribrachys Thyest. 193 Sed nulla taceat! aliquod audendum est nefas; Troad. 752 Servire liceat. Aliquis hoc regi negat? cfr. Herc. Oet. 740; Oct. 388. In andern Versen ist es zweifelhaft, ob Tribrachys oder Daktylus anzunehmen sei, wie Phoen. 218 Et dira fugio scelera, quae feci innocens, obwohl sonst die Endung o bei Verben möglichst verkürzt wird und gerade für den Gebrauch des fugio als Tribrachys es nicht an Beweisstellen fehlt, wie Phoen. 216 Mē fŭgĭŏ; fŭgĭŏ cōnscĭūm scĕlĕrūm omnĭŭm. Ebenso ist Oct. 728 zweifelhaft, ob subito als Anapäst oder Tribrachys zu messen sei. Am häufigsten aber steht der Daktylus in diesem Falle, und zwar hat wieder die Medea die meisten Verse dieser Art. Aehnlich ist der Gebrauch der Verse, in deren zweitem und viertem Fuße der Tribrachys steht; ihre Zahl ist 34, die meisten finden sich im Agamemnon und in den Troades (7); endlich steht der Anapäst sehr oft im fünften Fuße, wenn im zweiten der Tribrachys steht (181), am meisten merkwürdiger Weise im Herc. Oet. Ferner sind im dritten und vierten Fuße zusammen alle Auflösungen zu finden, die möglich waren; denn beide Füße sind zum Tribrachys aufgelöst

Oed. 790 puras nec ulla scelera metuentes manus, wo also gleichfalls auf ein dreisilbiges Wort ein viersilbiges folgt, wie oben bei den Auflösungen der ersten Dipodie. Ganz in Uebereinstimmung mit den für diese aufgestellten Gesetzen folgt denn auch in den Versen, welche Anapäst und Tribrachys in der zweiten Dipodie enthalten, auf ein viersilbiges Wort ein zweites viersilbiges, zwischen denen die Cäsur angebracht ist, während vor den Kürzen des Anapäst, also nach der Arsis des zweiten Jambus sich eine zweite Cäsur findet, wie Troad. 498 Quid proderit latuisse redituro in manus? Hipp. 1040 Et quem feri dominator habuisset gregis; ibid. 1235 Et tu mei requiesce Pirithoi pater. Dagegen wird der Daktylus mit dem Tribrachys zusammen in 36 Versen gefunden, am häufigsten in den Phoenissen. Von den Versen endlich, welche zugleich an dritter und fünfter Stelle eine Auflösung enthalten, giebt es nur drei Formen, nämlich zuerst steht beide Male der Anapäst in acht Versen, beide Male der Daktylus in zwei Versen, die schon oben angeführt sind, wo von dem Gebrauch des Daktylus im fünften Fuße die Rede war (Oed. 846 und Herc. fur. 403); am häufigsten aber folgt auf den Daktylus oder Tribrachys im dritten Fuße der Anapäst im fünften (167 mal, am meisten im Hippolytus [20] und Herc. Oet. [35]). Auflösungen im vierten und fünften Fuße zugleich finden sich nicht; das einzige Beispiel (Thyest. 1053) wird nachher bei den Versen mit drei Auflösungen zu besprechen sein. Die Summe aller Trimeter, welche zwei dreisilbige Füße enthalten, ist demnach 1287, und zwar stellt sich das Verhältniß so, daß im Vergleich mit der Anzahl der Trimeter überhaupt die meisten Verse dieser Art im Agamemnon sich finden (1 : 5,5), dann in der Medea und Hippolytus (1 : 6), die wenigsten in den Phoenissen (1 : 8,5).

Wenden wir uns nun zu den Versen, welche drei Auflösungen enthalten, so darf es nicht Wunder nehmen, daß ihre Zahl bedeutend geringer ist, als die der eben behandelten. Denn weder bei den griechischen noch bei den lateinischen Dichtern der bessern Zeit waren solche Verse, welche oft ganz den Charakter des jambischen Trimeters verlieren, nicht häufig, namentlich wenn, wie es bei Seneca oft geschieht, fünf bis sechs, oder einmal sogar neun kurze Silben unmittelbar auf einander folgen. Zuerst nun giebt es viele Verse, wo die erste Dipodie aus zwei aufgelösten Füßen besteht, doppeltem Tribrachys, Daktylus mit Tribrachys oder Anapäst mit Tribrachys, während im dritten Fuße Daktylus oder Tribrachys, niemals der Anapäst an dieser Stelle, im vierten Fuße der Tribrachys, im fünften allein der Anapäst folgt. Doch von den hiernach möglichen Formen des Trimeters sind bei weitem nicht Alle zu finden. Selten sind die Verse, welche doppelten Tribrachys in erster Stelle haben, und zwar folgt einmal nur der Daktylus im dritten Fuße: Troad. 238 Ut alia sileam merita, non unus satis, und viermal der Anapäst im fünften Fuße: Troad. 646 Quid agimus? animum distrahit geminus timor; Med. 926 Quid, anime, titubas? ora quid lacrimae rigant; Herc. Oet. 1829 Quid anime trepidas, Herculis cineres tenes, und Agam. 194 Pelopia Phrygiae sceptra dum teneant nurus? Diese Beispiele zeigen zugleich, wie auch hier die oben für die Auflösung der ersten Dipodie aufgestellte Regel beobachtet ist, daß entweder ein viersilbiges und ein dreisilbiges Wort zu Anfang des Verses steht, oder ein einsilbiges, dem zwei dreisilbige folgen. Häufiger sind die Verse, welche mit einem Anapäst oder Daktylus anfangen, an zweiter Stelle den Tribrachys und an dritter den Daktylus haben, denn jener steht in 10, dieser in 14 Trimetern; statt des Daktylus an dritter Stelle findet sich in beiden Fällen auch der Tribrachys, aber nur je einmal, und ganz besonders lästig ist er, wo der Daktylus zu Anfang steht, da dann neun kurze Silben zusammentreffen, wie auch später dieser Fall eintreten wird, wo von den Versen mit vier Auflösungen die Rede ist. Ferner kommen Verse vor, welche im zweiten und vierten Fuße den Tribrachys, im ersten den Anapäst (6) oder den Daktylus (2) haben. Im letztern Falle ist wieder dasselbe Gesetz gewahrt, daß ein einsilbiges Wort mit zwei dreisilbigen den Vers anfängt: Med. 439 Sed trepida pietas: quippe sequeretur necem, und Thyest. 544 Imposita capiti vincla venerando gere. Und wie überhaupt der Anapäst im fünften Fuße besonders gern angewandt wurde, so sind auch die Verse am häufigsten, wo der Anapäst in erster Stelle (34 mal, am meisten in den Troades) oder der Daktylus (21 mal) mit dem Tribrachys in zweiter und dem Anapäst in fünfter Stelle zugleich vorkommt. Sodann sind beide Füße der zweiten Dipodie zugleich aufgelöst, aber dann nur zu Daktylus und Tribrachys, während im ersten Fuße der Anapäst (8) oder der Daktylus (11), oder im zweiten Fuße der Tribrachys vorangeht (6).

Oft sind auch die aufgelösten Versfüße nicht neben einander gebraucht, wie in den bisher betrachteten Fällen, wo wenigstens zwei Auflösungen einander berührten, sondern je zwei dreisilbige Füße durch einen zweisilbigen getrennt. Die am häufigsten angewandte Form dieser Art ist die, daß im ersten und fünften Fuße der Anapäst steht, im dritten der Daktylus oder Tribrachys, jener 19, dieser 2 mal, z. B. Hipp. 1178 Ănĭmăquĕ Phaedrăm părĭtĕr ăc scĕlĕre ēxŭăm, oder Hipp. 242 Fŭgĭĕt. Pĕr ĭpsă mărĭă, sĭ fŭgĭăt, sĕquăr. und Hipp. 696 Ŏdĭŭm dĕŭsquĕ! Gĕnĭtŏr, ĭnvĭdĕō tĭbĭ: denn da der Tribrachys an fünfter Stelle sich sonst nirgends findet, wird video hier wohl richtiger als Anapäst gemessen, wie als Tribrachys; aus demselben Grunde, weil der Daktylus im fünften Fuße so selten vorkömmt, ist vielleicht in dem Verse Med. 472 Adice expetita spolia Phrixei arietis, welcher den Anapäst an erster, den Tribrachys an dritter und den Daktylus an fünfter Stelle haben würde, das i von arietis consonantisch zu fassen, so daß dies Wort daktylische Messung bekömmt, und der Vers nur zwei Auflösungen hat; ob aber das a in expetita durch die folgenden Buchstaben sp verlängert ist, wie in dem zu Anfang angegebenen Beispiele Herc. fur. 950, läßt sich hier nicht entscheiden, da der Daktylus so gut als der Tribrachys im dritten Fuße zulässig ist. Häufig ist auch noch die Form des Trimeters, wo die drei dreisilbigen Füße so angewandt sind, daß im ersten Fuße der Anapäst, Tribrachys oder Daktylus, im dritten der Daktylus, im fünften der Anapäst steht, z. B. Herc. fur. 1009 Mĕgără fŭrĕntĭ sĭmĭlĭs ĕ lătĕbrĭs fŭgĭt und Oed. 1023 Quĭd, ănĭmĕ, tŏrpĕs? sŏcĭă cūr scĕlĕrŭm dărĕ; der Daktylus steht in 16 Versen, wie Herc. fur. 415 Quŏd făcĭnŭs aūrēs pĕpŭlĭt? Haūd ĕquĭdem hŏrrŭĭ etc. Außerdem giebt es nur noch zwei Formen des Trimeters, welche drei Auflösungen enthalten, und von denen die eine sogar nur in einem einzigen Beispiele auftritt. In dieser nämlich steht der Anapäst im ersten und fünften Fuße, der Tribrachys im vierten, Thyest. 1053 Scĕlĕrĭ mŏdŭs dēbētŭr, ŭbĭ făcĭās scĕlŭs, wo auch das i in facias consonantisch gefaßt werden könnte; zahlreicher sind die Verse der andern Form (18), wo der Tribrachys im zweiten Fuße steht, der Anapäst im fünften, der Daktylus (16) oder Tribrachys (2) im dritten Fuße, z. B. Troad. 1128 Ĭdem ĭllĕ pŏpŭlŭs ălĭŭd ăd făcĭnŭs rĕdĭt, wo wieder sieben kurze Silben zusammentreffen, ebenso Med. 297. Der Daktylus steht Troad. 169 Quaē caūsă rătĭbŭs făcĭăt, ēt Dănăīs mŏrăm etc. Am häufigsten findet sich diese Form in der Medea, wo fünf Verse der Art vorkommen, wie ja dieses Stück meist die größte Anzahl Auflösungen hatte, demnächst in den Troades.

Endlich bleiben noch übrig die Verse mit vier Auflösungen, welche in ihrer Anwendung sehr beschränkt sind, denn es kommen überhaupt nur sieben solche Trimeter vor bei Seneca, und in der That ist hier das höchste Maß der Licenz erreicht. So finden sich Herc. fur. 129 Arcadia quatere nemora Maenalium suem, drei von den vier Auflösungen hinter einander, und zwar Daktylus, dann zweimal Tribrachys; da nun im vierten Fuße nothwendig der Jambus stehen muß, so treffen hier wieder neun kurze Silben zusammen. Außerdem giebt es noch zwei Formen, welche beide mit dem Anapäst und Tribrachys anfangen; die eine hat dann in der zweiten Dipodie Daktylus und Tribrachys und findet sich dreimal: Thyest. 33; Phoen. 210; Oed. 61; die andere hat im dritten Fuße den Daktylus (2 mal) oder den Tribrachys (1 mal), und im fünften den Anapäst, z. B. Troad. 250 dŭbĭtātŭr ĕtĭăm? plăcĭtă nūnc sŭbĭto ĭmprŏbās, cfr. Agam. 779 und Med. 170.

Um endlich das Verhältniß der einzelnen dreisilbigen Füße und ihrer Anwendung an den verschiedenen Stellen des Verses besser zu übersehen, dazu diene folgende Uebersicht, aus welcher sich zugleich ergiebt, wie bei weitem überwiegend der Anapäst im fünften und im ersten Fuße ist, wie selten dagegen der Tribrachys an den ungeraden Stellen vorkömmt.

	Verse mit einer Auflösung. In Fuß:					Verse mit zwei Auflösungen In Fuß:				
	1.	2.	3.	4.	5.	1.	2.	3.	4.	5.
⏑ ⏑ ⏑	12	546	—	227	—	10	476	7	133	—
⏑ ⏑ —	745	—	21	1	1023	487	—	13	—	702
— ⏑ ⏑	395	—	—	—	2	280	—	110	1	2
⏒ ⏑ ⏑	—	—	638	—	—	—	—	353	—	—

	Verse mit drei Auflösungen. In Fuß:					Verse mit vier Auflösungen. In Fuß:				
	1.	2.	3.	4.	5.	1.	2.	3.	4.	5.
◡ ◡ ◡	7	116	7	34	—	—	7	2	3	—
◡ ◡ —	81	—	—	—	117	6	—	—	—	4
— ◡ ◡	64	—	101	—	1	1	—	5	—	—
⏓ ◡ ◡	—	—	—	—	—	—	—	—	—	—

Alle Auflösungen.

	In Fuß: 1.	2.	3.	4.	5.
◡ ◡ ◡	29	1145	16	397	—
◡ ◡ —	1319	—	34	1	1846
— ◡ ◡	740	—	216	1	5
⏓ ◡ ◡	—	—	991	—	—

Endlich ist noch zu bemerken, daß, so oft auch bei Seneca im Trimeter mehr als drei Kürzen zusammentreffen und so viele Freiheiten er sich auch in der Auflösung der Versfüße erlaubte im Verhältniß zu dem Gebrauch in der neueren griechischen Tragödie, welche er sich sonst meist zum Muster genommen hat, er doch mit der größten Vorsicht es vermieden hat, auf den Tribrachys oder Daktylus einen Anapäst folgen zu lassen. Der Grund davon ist derselbe, wie bei den anapästischen Versen, wo indeß bisweilen Daktylus und Anapäst unmittelbar hinter einander vorkommen; unter den Trimetern ist nur ein einziger, Thyest. 1053 Scĕlĕrī mŏdŭs dēbētŭr ŭbĭ făcĭās scĕlŭs, welcher dieser Regel widerstrebt, weshalb Schmidt vielleicht nicht mit Unrecht facias zweisilbig liest, indem er i als Consonant ansieht, und so statt des Anapäst einen Spondeus erhält (Schmidt a. a. O. p. 14 u. 54).

Da endlich auch über die Verse mit einem viersilbigen Fuße bereits oben gesprochen ist, so bleiben nur noch die einzelnen Jamben übrig, welche im Dialog eingestreut sind. Indeß während bei den griechischen Dichtern meist Interjektionen selbstständig und getrennt von der Struktur des folgenden Satzes auch im Metrum dadurch hervorgehoben wurden, daß sie nicht in den Trimeter gesetzt, sondern frei für sich hingestellt zu werden pflegten, so hat Seneca wohl nur aus Versnoth, d. h. weil er den Vers nicht voll machen konnte, sich einer dieser ähnlichen Freiheit bedient. Denn er hat nicht Interjektionen, sondern beliebige andere Worte frei hingestellt, wie Thyest. 100 Sequor, welches noch wenigstens dem Gedanken nach selbstständig da steht, oder Hippol. 606 Vos testor omnes, coelites, hoc, quod volo, Me nolle! wo me nolle ganz eng mit dem Vorhergehenden zusammenhängt und doch allein steht. Dafür, daß es nur Versnoth gewesen, spricht endlich auch der Umstand, daß sich Troad. 1107 In media Priami regna — ein katalektischer jambischer Dimeter mitten im Dialog findet, wovon wir durchaus keinen Grund einsehen; denn daß Personenwechsel an dieser Stelle eintritt, konnte den Dichter nicht bestimmen, der doch gerade an dieser Stelle sonst so oft den Personenwechsel angewandt hat, wovon oben bei der Cäsur Beispiele gegeben sind.

Wir gehen nun zu den trochäischen Versen über, welche den jambischen ähnlich, große Freiheiten des Dichters zeigen, aber so selten vorkommen, daß nur wenig über sie gesagt werden kann. Es sind nämlich nur trochäische katalektische Tetrameter frei angewandt und zwar in der Medea (11), im Hippolytus (12) und im Oedipus (10), also zusammen 33 nur, während in den später zu betrachtenden Chorliedern einzelne trochäische Verse eingestreut sind, welche dann besser im Zusammenhang mit jenen besprochen werden. In ihrem Bau aber zeigen die Tetrameter große Aehnlichkeit mit den jambischen Trimetern, nicht nur was den Gebrauch der zwei-, drei- und mehrsilbigen Wörter zu Anfang und am Ende des Verses betrifft (Schmidt a. a. O. p. 44), sondern auch in den Auflösungen der einzelnen Füße. Bestimmte Gesetze lassen sich jedoch bei der geringen Zahl der Verse nicht gut aufstellen, zumal noch die größere Zahl derselben (19) nur aus Trochäen und Spondeen besteht, und die übrigen (14) die dreisilbigen Versfüße an so verschiedenen Stellen einzeln oder combinirt zeigen, daß von derselben Art meist nur ein oder zwei Verse sich finden. Doch ergiebt sich auch aus diesen wenigen Versen, daß die erste Stelle außer dem Tribrachys keinen andern dreisilbigen Fuß zuließ, dieser aber findet sich allein im Verse zweimal (Med. 745. 748), mit dem Daktylus an sechster Stelle Oed. 227, mit diesem und zugleich mit dem Anapäst im vierten Fuße Med. 749. Denn sogar den Anapäst hat sich trotz des ganz verschiedenen Rhythmus der Dichter an den ungleichen

Stellen erlaubt: Med. 749 Grávĭŏr hórŭm poenă sĕdĕăt cón-jŭgĭs sŏcĕró mĕĭ und Hipp. 202; während Tribrachys und Daktylus nichts Ungewöhnliches haben. Bei dem Tribrachys in zweiter Stelle jedoch, der sich Hipp. 1208 und mit dem Daktylus im sechsten Fuße Med. 744 findet, ist nicht immer wie bei dem Tribrachys an erster Stelle das Gesetz festgehalten, daß die Arsis nicht in zwei Wörter fallen könne, denn Med. 744 ist sie getrennt Sŭpplĭcĭs ănĭmaĕ rĕmĭssĭs cŭrrĭte ăd thălămŏs nŏvŏs, denn da der Tribrachys statt des Trochäus steht, so bilden nun die beiden ersten Silben die Arsis, nicht wie in jambischen Versen die beiden letzten. Der Daktylus im zweiten Fuße steht nur einmal Hipp. 1203, wo noch in der dritten Dipodie Tribrachys und Daktylus folgen. Jedoch ist bei dem Gebrauch dieses Versfußes darauf gesehen, daß die beiden kurzen Silben nicht durch ein dazwischen fallendes Wortende getrennt werden, wie dies ja auch in den Trimetern geschah. Der Anapäst endlich im zweiten Fuße findet sich Hipp. 1202 Unda miseris grata Lethes, vosque torpentes lacus, aber hier, wie oben in dem Beispiele, wo der Anapäst im vierten Fuße stand, ist dieser Versfuß durch ein dreisilbiges Wort von anapästischer Messung gebildet. Im dritten Fuße steht der Tribrachys zweimal (Hipp. 1206 u. 7), beide Mal durch ein Wort gebildet (scelere, genitor), jedoch an vierter Stelle findet sich nirgends ein dreisilbiger Fuß außer dem Anapäst Med. 749, auch der Trochäus ist hier vermieden. Der Grund ist wohl der, daß der Dichter, da überall die Cäsur nach der zweiten Dipodie eingetreten ist, der ersten Vershälfte am Schluß noch festern Halt geben wollte und darum die Spondeen gebrauchte. Jedoch darf man aus dieser stehenden Cäsur nicht schließen, daß die Verse in Dimeter abzutheilen seien, denn einmal ist nie in der Cäsur Hiatus und Syllaba anceps zugelassen, und dann würde die Abwechslung von akatalektischen und katalektischen Dimetern ohne Beispiel sein, ganz abgesehen vom seltnen Gebrauch des Dimeters überhaupt. Außerdem ist ja im feierlichen Tone der Tetrameter von Alters her auch bei den griechischen Tragikern in Gebrauch gewesen, und diente sogar den ältern lateinischen Dichtern statt des jambischen Trimeters für den Dialog. Wie sehr ihn indeß mit der Zeit der Trimeter verdrängte, sehen wir am deutlichsten beim

Seneca, von dessen Tragödien sieben ihn gar nicht haben, wie auch schon Euripides gegen Aeschylus und Sophokles ihn sehr selten anwandte.

Im fünften Fuße findet sich der Tribrachys öfter, nämlich allein Hipp. 1211; Oed. 228, mit Daktylus im zweiten und sechsten Fuß Hipp. 1203, mit Tribrachys an dritter Stelle ibid. 1206, 7. immer durch ein dreisilbiges Wort gebildet. Oft steht auch an sechster Stelle der Daktylus, niemals der Trochäus, den der Dichter, wie den Jambus im fünften Fuße des Trimeters, an dieser Stelle vermeidet. So findet sich der Daktylus als einzige Auflösung zweimal Hipp. 1201 und Oed. 229, mit vorhergehendem Tribrachys im ersten Fuße Oed. 227, im zweiten Med. 744, im fünften zugleich mit dem Daktylus im zweiten Hipp. 1203, endlich in dem schon erwähnten Verse Med. 749 mit Tribrachys an erster und Anapäst an vierter Stelle. Während aber an den ungleichen Stellen sonst Tribrachys und Trochäus mit einander wechseln, hat der siebente Fuß stets den Trochäus rein erhalten, wie im Trimeter der sechste Fuß immer den Jambus oder Pyrrhichius zeigte. An dieser Stelle ist auch nie ein anderer dreisilbiger Fuß zugelassen, während an den gleichen Stellen mit Ausnahme der vierten Daktylus und Tribrachys mit Spondeus und Trochäus wechseln, und selbst der Anapäst, wenn auch selten, zur Anwendung kömmt.

II.

Die daktylischen und anapästischen Verse.

Der bei weitem größere Theil der Chorlieder in den Tragödien Senecas besteht aus Anapästen, nur sehr vereinzelt finden sich Daktylen, öfter logaödische Verse, namentlich Asclepiadeen, Glyconeen, und der Sapphicus minor, doch fehlen in einigen Stücken alle diese, in andern einige ganz; gemischte Chorlieder endlich finden sich in nur zwei Stücken, dem Oedipus und Agamemnon, wie sich aus folgender Uebersicht ergiebt:

	Herc. fur.	Thyestes.	Hippol.	Oedipus.	Troades.	Medea.	Agamemn.	Herc. Oet.	Octavia.
Anapästen	125—203 1054—1137	789—885 921—970	1—85 326—358 959—989 1124—1128 1133—1148	154—201 979—996 737—762	67—166 709—739	301—380 788—845	57—107 310—385 634—654 660—691	173—233 584—706 1152—1161 1208—1218 1280—1290 1864—1941 1985—1998	1—33 57—98 200—220 271—378 648—692 765—782 809—822 880—988
Daktylen			Tetrameter 761—763	Tetram. und Hexam. 233—238 403.4.27-29 444—447 465—470 501—506 448—464		Hexam. 110—115		Tetram. 1946—1964	—
Asclepiadeen . . .	524—591	122—175	753—760 764—782 785—823 1129—1130	—	375—412 cfr. 405	56—74 93—109	—	104—172	
Glyconeen	875—894	336—403	1131. 783 cfr. {784, 1132}	881—913	—	75—92		1032—1131 cfr. {1061, 1081}	
Sapphicus minor. und Adonius .	830—874	546—621 Ad. 622	275—325 (287. 289) 736—751 (740. 752) 1149—1153	110—122 124—131 133—143 145—153 Ad. 123. 132. 144. 414— 425. Ad. 426	818—864 1013—1059 Ad. 829. 858 1021. 1839	580—670		1519—1606 Ad. 1607	
Gemischte Chorlieder			—	403—506 707—762	—		587—633 799—858		

Die Phönissen fallen bei den weiteren Betrachtungen ganz fort, da von ihnen nur jambische Verse übrig sind.

Ueber die Daktylischen Versmaße ist wenig zu bemerken; die einzigen Formen, welche Seneca angewandt hat, sind der Tetrameter und der Hexameter, der erstere akatalektisch, der letztere katalektisch, wie er sonst bei den lateinischen und griechischen Dichtern gebraucht wurde. Trotz der geringen Zahl der Tetrameter lassen sich jedoch die Gesetze der Bildung ziemlich deutlich erkennen; die Cäsur ist stets nach der Arsis des dritten Fußes inne gehalten und zwar in allen 39 Versen. Alle Tetrameter ferner gehen auf einen reinen Daktylus aus, sobald man die Verse nicht zu einem System verbindet, so daß der Spondeus, der an allen Stellen sonst zulässig ist, im vierten Fuße nicht angewandt werden durfte. Ein Vers von vier Daktylen findet sich außer Herc. Oet. 1947. 1979 nicht, vielmehr sogar Verse mit drei Spondeen, namentlich steht dieser Versfuß oft im dritten Fuße. Das Verhältniß stellt sich nämlich folgendermaßen: Ein Spondeus im ersten Fuße allein findet sich Hipp. 763; Oed. 448. 452. 458; im zweiten allein Hipp. 762; Oed. 449. 453. 459. 462; Herc. Oet. 1952. 1957. 1964; im dritten Oed. 460; Herc. Oet. 1946. 1950. 1953. 1954. 1962. 1963. Ferner im ersten und zweiten Fuße Oed. 456; im ersten und dritten Hipp. 761; Oed. 451. 457. 461; Herc. Oet. 1955. 1960; im zweiten und dritten Oed. 450. 455; Herc. Oet. 1956. 1958. 1959; endlich im ersten, zweiten und dritten Fuße, während nur der letzte Daktylus rein erhalten ist, Oed. 452. 363. 464.; Herc. Oet. 1948. 1951. 1961. Hieran schließt sich noch die Frage, ob die Tetrameter als einzelne Verse betrachtet oder zu einem System verbunden gedacht werden müssen, was sonst von andern Dichtern wohl geschehen ist; allein dem widerstreitet der Gebrauch des Hiatus und der Syllaba anceps zwischen je zwei Versen. Denn wenn auch im Hercules Oetaeus von den 19 Versen nur einer so gebaut ist, daß er im System von dem folgenden durch den Hiatus zu trennen wäre, und dies noch dazu am Ende des Satzes, so ist doch bei den Tetrametern im Oedipus die Sache eine ganz andere. Denn von 17 Versen 448—464 werden nicht allein mehrere durch den Hiatus getrennt von den folgenden, wie 450 und 455, sondern in sechs Versen würde auch am Ende statt des Daktylus ein Kretikus entstehen, indem die kurze Silbe am Ende des Verses auf einen

Consonanten ausgeht, während der folgende Vers mit einem Consonanten anfängt, und der Kretikus könnte im System von Daktylen unmöglich stehen (v. 452. 453. 454. 459. 461. 463). Sind also hier einzelne Verse anzunehmen, so ist es auch kaum glaublich, daß Seneca im Hercules Oetaeus ein fortlaufendes System habe bilden wollen.

Noch weniger ist von den daktylischen Hexametern zu sagen, welche in Allem die hergebrachten Gesetze befolgen. Sie sind angewandt Med. 110—15, um den Schluß für das Chorlied abzugeben, und Oed. 233—238 als Form für ein Orakel; endlich dienen sie im Chorlied Oed. 403 ff. dazu, die einzelnen Abtheilungen desselben von einander zu trennen. Auf zwei Hexameter folgt nämlich ein logaödischer Theil, welcher von dem folgenden anapästischen durch drei Hexameter getrennt ist. Hierauf stehen vier Hexameter, dann sieben daktylische Tetrameter, sechs Hexameter, ein logaödischer Theil und zuletzt wieder sechs Hexameter. Doch wird von diesem Gebrauch des Verses besser unten bei der Betrachtung der Chorlieder gehandelt werden. Die Cäsur ist in diesen Versen fast immer die gewöhnliche nach der Arsis des dritten Daktylus, nur Oed. 403: Effusam redimite comam nutante corymbo und Med. 111: Multifidam iam tempus erat succendere pinum, einem schon sonst verdächtigen Verse, trennt die Cäsur die beiden Kürzen der Thesis im dritten Daktylus. Der Spondeus, der im sechsten Fuße weit häufiger ist als der Trochäus, wird sonst statt des Daktylus überall und ziemlich häufig angewandt, mit Ausnahme des fünften Fußes, der gern rein erhalten wurde, und wo auch nur einmal Med. 113 der Eigenname einen Spondeus bewirkte: Festa dicax fundat convicia Fescenninus. Allein im ersten Fuße steht der Spondeus Med. 114; im zweiten Oed. 465. 506; im dritten Med. 110; Oed. 445. 469. 505; im vierten Oed. 236. 428; viel öfter kommen zwei Spondeen zusammen vor, im ersten und zweiten Fuße Oed. 238; im ersten und dritten Oed. 237; im ersten und vierten Oed. 403. 444; im zweiten und dritten Med. 115; Oed. 234. 446. 502. 503; im zweiten und vierten Oed. 233. 427; Med. 111. 112; im dritten und vierten Oed. 470. Endlich drei Spondeen stehen im ersten, zweiten und dritten Fuße Oed. 468; im ersten, dritten und vierten Oed. 235; im zweiten, dritten und vierten Oed. 404. 429. 466. 467. 501, und sogar vier Spondeen in den vier ersten Füßen Oed. 447. 504.

Voller Eigenthümlichkeiten und Neuerungen sind dagegen die anapästischen Verse gebaut. Zunächst finden sich nur die anapästischen Dimeter, dieses auch sonst so häufig von den Dichtern gebrauchte Metrum, welche indeß Seneca nur durch Monometer, nie aber durch den Parömiacus unterbricht, oder schließt. Gerade aber die Anordnung der Verse zu Dimetern und Monometern ist so unsicher überliefert, daß hierüber noch einige Worte hinzuzufügen sind. Da nämlich in allen Dimetern die Cäsur stets in der Mitte des Verses, also zwischen den beiden Monometern sich findet, so giebt es anscheinend kein sicheres Erkennungsmittel dafür, wo ein Monometer oder ein Dimeter zu setzen ist. Denn daß Seneca Dimeter baute, und nicht, wie Einige behaupten, lauter Monometer, folgt nicht nur aus den Zeugnissen der ältern lateinischen Grammatiker, welche Dimeter aus der Medea des Seneca als Beispiele für dieses Versmaß anführen, sondern auch aus den Metren der gleichzeitigen Dichter, wie Ausonius, welcher zwei Dimeter und einen Monometer zur Strophe verband, ganz abgesehen davon, daß so viele Monometer, kleine zerstückelte Verse, keineswegs eine sonst von den Dichtern angewandte Form sind.

Nro.	Schema.	Herc. fur.	Thyestes.	Hippolyt.	Oedipus.	Troades.	Medea.	Agamemn.	Herc. Oet.	Octavia.	Summa.
1	⏑⏑—⏑⏑— ⏑⏑—⏑⏑—	—	4	2	—	2	2	3	2	1	16
2	⏑⏑—⏑⏑— ⏑⏑———	—	1	1	2	2	—	2	1	7	16
3	⏑⏑—⏑⏑— ——⏑⏑—	2	4	5	3	2	5	6	8	17	52
4	⏑⏑——— ⏑⏑—⏑⏑—	1	5	1	4	2	—	3	1	3	20
5	——⏑⏑— ⏑⏑—⏑⏑—	4	3	4	4	4	3	8	10	7	47
6	⏑⏑—⏑⏑— —⏑⏑——	5	8	13	2	7	14	11	31	14	105
7	—⏑⏑—— ⏑⏑—⏑⏑—	5	5	4	3	6	4	8	9	8	52
8	⏑⏑—⏑⏑— ————	—	—	2	2	1	—	3	—	3	11
9	⏑⏑——— ⏑⏑———	2	—	—	2	—	—	3	8	3	18
10	———— ⏑⏑—⏑⏑—	7	5	3	—	3	5	5	5	14	47
11	⏑⏑——— ——⏑⏑—	5	6	4	1	4	4	2	—	11	37
12	——⏑⏑— ——⏑⏑—	15	8	11	7	16	11	12	29	36	145
13	——⏑⏑— ⏑⏑———	3	6	7	8	1	3	5	2	8	43
14	—⏑⏑—— ——⏑⏑—	13	12	11	6	15	7	13	15	30	122

Nro.	Schema.	Herc. fur.	Thyestes.	Hippolyt.	Oedipus.	Troades.	Medea.	Agamemn.	Herc. Oet.	Octavia.	Summa.
15	— — ◡◡ — — ◡◡ — —	28	18	19	14	14	19	16	64	33	225
16	— ◡◡ — — ◡◡ — — —	7	4	6	2	4	5	3	3	12	46
17	◡◡ — — — — ◡◡ — —	7	6	12	2	9	5	9	17	16	83
18	— ◡◡ — — — ◡◡ — —	11	9	13	10	9	13	11	14	37	127
19	— — — ◡◡ — ◡◡ — —	—	—	—	—	—	—	—	—	1 v. 782	1
20	— ◡◡ ◡◡ — — ◡◡|◡◡ —	1 v. 1064	—	—	—	—	—	—	1 v. 196	1 v. 648	3
21	— ◡◡|◡◡ — — ◡◡ ◡◡ —	—	—	—	—	—	—	—	3 v. 185 v. 1884. 1888	1 v. 908	4
22	◡◡ — — — — — — —	1	1	6	1	—	1	1	—	4	15
23	— ◡◡ — — — — — —	3	11	2	4	5	5	3	3	14	50
24	— — ◡◡ — — — — —	9	7	8	6	4	4	6	1	15	60
25	— — — — ◡◡ — — —	4	2	5	—	1	3	5	—	3	23
26	— — — — — ◡◡ — —	16	13	11	3	4	14	17	28	26	132
27	— — — — — — ◡◡ —	8	3	7	2	6	3	9	29	23	90
28	— — — — — — — —	2	1	5	—	—	—	2	—	8	18
	Summa	159	142	162	88	121	130	166	284	356	1608
	Zahl der Monometer . .	3	4	11	4	5	3	11	10	25	76

Die Abtheilung der Handschriften und ersten Ausgaben kann hierbei keinen sichern Anhaltepunkt gewähren, da in ihnen die Verse so planlos zusammengestellt sind, daß oft Hiatus und Syllaba anceps innerhalb des Verses sich finden, was nie ein Dichter sich erlaubt hat, abgesehen von dem Ende der Periode, wo mehr Freiheiten dem Dichter zustanden. Diesen Nachtheil suchte Bothe dadurch zu heben, daß er, wo ihm der Gedanke es zu fordern schien, zur Hervorhebung der betreffenden Worte einen Monometer zwischen die Dimeter einschob und dadurch den Hiatus oder die Syllaba anceps aus der Mitte des Verses ans Ende brachte. Jedoch ergiebt sich auf den ersten Blick, wie willkührlich diese Abtheilung ist; denn wenn auch bei Versen wie Fallor, fallor, Herc. Oet. 1932, Felix, felix, Herc. Oet. 202, oder Agam. 652 und Herc. Oet. 207 Vidi, Vidi, diese Worte als Ausruf unzweifelhaft in einen Monometer zu setzen sind, so liegt doch sonst der Abtheilung meist eine rein subjective Ansicht zu Grunde. Gehen wir dagegen von der unbestrittenen Thatsache aus, daß Seneca nur am Ende der Dimeter oder Monometer sich Hiatus und Syllaba anceps erlaubte, so ergiebt sich für die Abtheilung der anapästischen Verse unmittelbar folgendes Gesetz: In jedem System anapästischer Dipodien sind je zwei derselben zu einem Dimeter zusammenzufassen, so lange als nicht in die Mitte desselben, in die Cäsur der Hiatus oder die Syllaba anceps fallen würde. Tritt dies ein, so muß ein Monometer eingeschaltet werden, dem dann wieder Dimeter folgen, so lange, bis dieselbe Nothwendigkeit sich zeigt. Z. B. Oct. 1 beginnt das Stück mit Anapästen, indem nach der gewöhnlichen Abtheilung ein Dimeter die Rede der Octavia anfängt, dann ein Monometer folgt, und hierauf mehrere Dimeter:

Iam vaga coelo sidera fulgens
Aurora fugat;
Surgit Titan radiante coma,
Mundoque diem reddit clarum.
5 Age, tot tantis onerata malis etc.

wo die Interpunktion nach fugat kein Grund sein kann, einen Monometer anzunehmen. Vielmehr ordnen sich die Dipodieen viel natürlicher so, daß vor Vers 5 der Hiatus: clarum. Age einen Monometer bedingt, der ja auch mit dem Schluß der Satzperiode zusammenfällt. Dann beginnt also die Rede mit drei Dimetern, es folgt ein Monometer und dann die Dimeter:

Iam vaga coelo sidera fulgens
Aurora fugat; Surgit Titan
Radiante coma, mundoque diem
Reddit clarum.
5 Age, tot tantis onerata malis etc.

Durch diese Abtheilung verschwinden sehr oft Monometer ganz, indem, wie Thyest. 835—844, zwischen Dimetern und durch sie getrennt zwei Monometer sich finden, welche nun durch andere Verbindung der Dipodien fortfallen. Diese Abtheilung liegt auch der vorstehenden Tabelle zu Grunde, in welcher die verschiedenen Formen der anapästischen Dimeter aufgeführt sind. Immer aber ist auch hier die Cäsur nach der ersten Dipodie gesetzt, ein Gesetz, welches die von Gronov vorgeschlagene Umstellung Herc. Oet. 1888 von Magno Alciden poscite gemitu in poscite magno Alciden gemitu als unzulässig erweist. Denn wenn auch die Aufeinanderfolge des Daktylus und Anapäst anstößig ist, so findet sich dieselbe doch auch in andern Versen, wie später sich zeigen wird, während die Verletzung des Gesetzes der Cäsur sich sonst nirgends darbietet. Da demnach der Hiatus und die Syllaba anceps hauptsächlich die Einschiebung von Monometern zwischen die Dimeter nothwendig machen, weil dieselben am Ende des Verses weniger anstößig sind als in der Mitte desselben, so folgt auch hieraus, daß die anapästischen Verse bei Seneca keine fortlaufende Reihe bilden, wie bei den griechischen Dichtern dies häufig geschieht, sondern daß die anapästischen Systeme in einzelne Verse zerfallen, welche neben einander gestellt sind, ähnlich wie die daktylischen Tetrapodien. Daß auch der Hiatus und die Syllaba anceps oft nur durch das Versende, nicht aber durch andere Gründe entschuldigt werden kann, zeigt die Betrachtung der einzelnen Fälle, zu welcher wir nun übergehen.

Am wenigsten lästig ist der Hiatus am Ende einer größern Periode, die jedoch dann immer mit dem Versende zusammenfallen muß, in welchem Falle auch die griechischen Dichter sich denselben gestatteten. Dagegen findet er sich auch oft ohne größere Interpunktion, zunächst so, daß ein Wort mit einem Vokal schließt, das nächste mit einem Vokal anfängt: Herc. fur. 162. 1109; Thyest. 850. 949; Hippol. 343; Oedip. 178; Troad. 74; Med. 306. 341; Agam. 68. 323; Herc. Oet. 223. 599. 1926; Octav. 16. 21. 205. 376. 687. 901; seltener so, daß vor dem Vokal ein m in der letzten Silbe des vorhergehenden Wortes steht, wie Agam. 376; Herc. Oet. 1991; Octav. 337. 364. 974. Die Syllaba anceps ferner ist überall da anzunehmen, wo statt des Spondeus am Ende des Verses ein Trochäus oder statt des Anapäst ein Tribrachys steht, denn ein Daktylus, für den dann bei Syllaba anceps der Creticus eintreten würde, findet sich nirgend am Ende des Dimeters, nur einmal in der Mitte vor der Cäsur Oct. 782, wovon später die Rede sein wird. Und zwar steht der Tribrachys in der Mitte des

Gedankens Troad. 728 und Oct. 67. 204, viel häufiger der Trochäus Herc. fur. 170; Hipp. 327; Troad. 711. 135; Med. 344; Agam. 85. 104. 354. 378; Herc. Oet. 181. 595. 679. 1212. 1282; Oct. 26. 28. 61. 92. 307. 320. 331. 664. 771. 779. 809. 893. 903. 956. 971. 984, so daß sich das Verhältniß des Hiatus und der Syllaba anceps am Ende oder in der Mitte der Periode in folgender Weise stellt:

		Herc. fur.	Thyestes.	Hippolyt.	Oedipus.	Troades.	Medea.	Agamemn.	Herc. Oet.	Octavia.	Summa.
Hiatus	Am Schluß d. Periode	4	2	7	1	6	4	3	3	15	45
	In der Mitte d. Periode	1	2	2	1	1	2	3	4	9	25
Syllaba anceps	Am Schluß d. Periode	3	2	6	4	6	1	5	3	11	41
	In der Mitte d. Periode	1	—	1	—	3	1	4	5	18	33

Aus dieser Uebersicht ergiebt sich zugleich, wie bei Weitem überwiegend der Gebrauch beider Freiheiten in der Octavia ist, verglichen mit ihrem Vorkommen in den andern Stücken, wenn auch freilich in der Octavia, deren Chorlieder einzig und allein aus Anapästen bestehen, die Zahl der anapästischen Dimeter größer ist, als in den übrigen Tragödien. Wenn es nun sonach unzweifelhaft ist, daß Seneca nicht eine fortlaufende Reihe anapästischer Dipodien bildete, sondern selbstständige Dimeter, welche er durch Monometer unterbrach, so kann es nur dem Zufall, nicht der Absicht des Dichters zugeschrieben werden, wenn in einigen Chorliedern wie Agam. 660 ff. keine Freiheit dieser Art sich findet, so gut, wie dies oben bei den daktylischen Tetrapodien eingeräumt werden mußte. Endlich ist noch zu erwähnen, daß die Anapästen in den Fescennina des Claudianus und in der Apocolocynthosis (seu de morte Claudii Caesaris) cap. XII des Philosophen Seneca ganz nach den eben aufgestellten Gesetzen gebaut sind, so wie sie auch in dem Folgenden durchaus mit dem Gebrauch in den Versen des Tragikers Seneca übereinstimmen.

Was nun endlich den Gebrauch der Spondeen und Daktylen in den anapästischen Dimetern betrifft, so ist zu dem, was sich aus der oben aufgestellten Tabelle von selbst ergiebt, nur noch Weniges hinzuzufügen. Dimeter nämlich, welche nur aus Anapästen ohne Beimischung von Spondeen bestehen, sind verhältnißmäßig selten, indem nur 16 Beispiele dafür von 1608 Dimetern sich finden, wie z. B. Octav. 309: Laceroque seni violenta rogos, oder Herc. Oet. 1886: Juga Parthenii Nemeaeque sonent etc., ebenso selten aber sind die Verse, welche ganz aus Spondeen bestehen, wie Oct. 12: Tristes questus natae exaudi; Oct. 76: Quis te tantis solvet curis etc., indem von dieser Gattung überhaupt nur 18 Verse existiren, von welchen sogar acht allein der Octavia angehören. Sonst tritt an allen Stellen, besonders gern am Ende des Dimeters statt des Anapäst der Spondeus ein; dagegen ist die Anwendung des Daktylus vielfachen Beschränkungen unterworfen. Zunächst nämlich ist dieser Versfuß vom Ende des Dimeters ganz ausgeschlossen, ja sogar, mit Ausnahme eines Beispiels vom Ende der Dipodie überhaupt, denn nur Oct. 782 steht er im zweiten Fuße des Dimeters Aut quid pectore portat anhelo, wo einige Herausgeber vielleicht mit Recht eine Umstellung vornahmen in Aut pectore quid portat anhelo, wodurch dieses einzige Beispiel beseitigt würde. Auch ist es ja natürlich, daß der Vers sowohl als die Dipodie mit einer Länge schließt, und nicht mit zwei Kürzen, gerade wie beim jambischen Trimeter statt des sechsten Jambus nie der Tribrachys eintreten kann. Sonst aber steht der Daktylus in allen möglichen Combinationen mit dem Spondeus und Anapäst verbunden, selbst die Dimeter sind zahlreich, welche nur den Daktylus und Spondeus enthalten, so daß sie das Ansehen von daktylischen Tetrapodien bekommen, woran aber in einem anapästischen Chorliede nicht zu denken ist. So steht der Daktylus zwischen lauter Spondeen allein in 132 Versen an dritter Stelle, in 50 an erster und in 127 Dimetern an diesen beiden Stellen. Am häufigsten aber sind die Verse, welche im zweiten Fuße den Anapäst, im dritten den Daktylus, im ersten und vierten den Spondeus haben, wie Oct. 13 si quis remanet sensus in umbris etc., von welcher Gattung sich 225 Verse finden.

Wie endlich die griechischen Tragiker sehr sorgfältig darauf achteten, daß innerhalb eines Verses nicht der Anapäst auf den

Daktylus folgte, um nicht den Rhythmus durch die vier einander folgenden Kürzen zu schlaff werden zu lassen, so hat auch Seneca dieses Gesetz offenbar beobachtet. Doch finden sich bei den Anapästen mehr Ausnahmen davon, als im jambischen Trimeter, zum Theil ohne alle Entschuldigung. Durch die Anrede lassen sich einigermaßen entschuldigen die beiden Verse Herc. Oet. 1884: Flete Herculeos, Arcades, obitus und Herc. Oet. 184: Me vel Sipylum Flebile saxum fingite, superi, was von den andern Stellen nicht gesagt werden kann, wie Oct. 648 Parcite lacrimis, Oct. 908 Invidet etiam; Herc. Oet. 196 Cypria lacrimas; Herc. fur. 1064 solvite superi, wo durch das Schwanken der Lesarten in einigen Handschriften ein Fehler der Ueberlieferung angedeutet zu werden scheint, und Herc. Oet. 1888: Magno Alciden poscite gemitu. Hier wollte Gronov, um die lästige Aufeinanderfolge des Daktylus und Anapäst zu beseitigen, die Worte umstellen in Poscite magno Alciden gemitu, was wegen der regelmäßigen Cäsur in der Mitte des Dimeters, wie schon oben bemerkt wurde, nicht möglich ist. Aber auch andere Aenderungen der Wortstellung, wie Gemitu Alciden poscite magno etc. entsprechen nicht recht dem Gebrauch des Dichters, und warum sollte er, wenn er in sechs Versen sich diese Freiheit gestattete, dasselbe nicht auch in einem siebenten gethan haben? Bemerkenswerth ist es jedoch, daß mit Ausnahme der kritisch unsichern Stelle Herc. fur. 1064 alle Verse dieser Art in die beiden Stücke Hercules Oetaeus und Octavia fallen, daß dagegen in keiner andern Tragödie eine solche Freiheit zugelassen ist. Die Zusammensetzung des Daktylus selbst ist viel freier in den anapästischen Versen als im jambischen Trimeter, wofür oben die Gesetze entwickelt wurden. Zunächst endet sehr oft ein Wort mitten in der Arsis, so daß die beiden Kürzen des Daktylus verschiedenen Worten angehören, z. B. Oct. 11: Prīmă mălōrūm caūsă mĕōrūm etc.; jedoch achtete der Dichter sorgfältig darauf, daß nicht drei Worte den Daktylus bildeten. Denn meist bildet ein Wort den Daktylus, wie Oct. 15 stamina Clotho, Oct. 16 vulnera vidi etc., oder ein einsilbiges die Länge, ein zweisilbiges die beiden Kürzen, wie Oct. 1: Iam vaga coelo, Oct. 6: iam tibi questus etc. Drei Worte aber finden sich nur Thyest. 833: Ēt mắre ĕt īgnḗs, und Herc. fur. 161: Spēs ĕt ĭn ăgrī́s, ein Vers, welcher indeß durch verschiedene andere Mängel verdächtig ist, und den deshalb Gronow sowohl als andere Herausgeber zu verbessern suchten, ohne daß bis jetzt eine Sicherheit darüber gewonnen wäre. Dieselbe Regel, daß nicht zwischen drei Worte die drei Silben des Versfußes vertheilt sind, ist auch beim Anapäst festgehalten. Auch bei diesem fällt zwar sehr oft das Wortende nach der ersten Silbe der Thesis, wie Oct. 2: Aūrōră fŭgăt, sūrgĭt Tītān, Oct. 3: rădĭāntĕ cŏmā, mūndōquĕ dĭēm etc., aber drei Worte finden sich nur sehr selten, wie Thyest. 827: Sĕd quĭdquĭd ĭd ēst ŭtĭnām nōx sĭt! dieselben Worte Thyest. 964: pēctŏră frātrī! Iām quĭdquĭd ĭd ēst; ferner Herc. Oet. 173: Ăt ĕgo īnfēlīx nōn tēmplă sŭīs; Herc. Oet. 186: Vĕl ĭn Ērĭdănī pōnĭtĕ rīpīs; Herc. Oet. 191: Vĕl ĭn Ēdōnās tōllĭtĕ sīlvās, während das letzte Beispiel dieser Art, Herc. fur. 1089: Sĕd ŭt ingēntī, wieder Einigen kritisch verdächtig erschien, weil nämlich das zweite Glied der Vergleichung vermißt wird. Einige schlugen deshalb vor zu schreiben velut ingenti, doch ist diese Verbesserung kaum nöthig, da der Zustand des Hercules im ersten Theile des Satzes so genau beschrieben ist, daß das zweite Glied der Vergleichung mit dem von den Stürmen aufgeregten Meere sich von selbst ergiebt, ja die Wiederholung: Wie das Meer nach dem Sturme sich nur allmählich beruhigt, so auch Hercules u. s. w. eher lästig sein würde.

Zuletzt ist noch Einiges über die Anwendung der anapästischen Systeme hinzuzufügen. Zunächst sind sehr viele Partien, sowohl Chorlieder als Monologe handelnder Personen rein aus Anapästen zusammengesetzt, wie Herc. fur. 1054—1137; Thyest. 789—885. 921—970; Hipp. 1—85; Oedip. 979—996; Troad. 67—166. 709—739; Med. 301—380; Agam. 57—107. 310—385. Herc. Oet. 584—706. 1864—1941; Oct. 1—33. 271—378. 765—782. Dazu kommen noch Herc. fur. 125—203 und Hipp. 959—989, wo der Chor von den Anapästen zu jambischen Trimetern übergeht und so den Uebergang zum folgenden Dialog vermittelt, und Herc. Oet. 1985—1998, wo die Anapästen den Schluß der Tragödie bilden, welcher sonst durch kein besonderes äußeres Merkmal erkennbar ist. Anapästisch ist auch der Schluß der Octavia 880—988, aber dadurch von dem vorigen unterschieden, daß hier die Octavia mit dem Chor ein Gespräch führt, und dies führt uns auf die zweite Anwendung der Anapästen, nämlich im Dialog. Besonders in der Octavia dient dieses Versmaß dem Dialog, wie 57—98 zwischen Octavia und der Nutrix, welche auch 200—220 aus Trimetern in anapästische Dimeter übergeht; 1—33 ist der Monolog der Octavia anapästisch gebildet, ihre Unterhaltung mit dem Chor 648—692 ebenso, und dieser schließt sein Gespräch mit dem Nuntius gleichfalls mit Anapästen 809—822. Auch im Herc. Oet. antwortet der Chor dem in Trimetern redenden Hercules in Anapästen 1152—61; 1208—18; 1280—90, umgekehrt ist die Rede des Chors in Trimeter gekleidet, die Antwort der Iole in Anapästen 173—233. Bemerkenswerth ist, daß diese Anwendung der Anapästen wiederum nur im Herc. Oet. und in der Octavia vorkömmt, sonst nirgends. Denn wenn in der Medea 741—845 auf trochäische Tetrameter (741—752) jambische Trimeter (753—771), dann jambische Strophen (772—787), auf diese Anapästen (788—845) folgen, so ist dieser Monolog der Medea in seiner ganzen Composition der Bildung der Chorlieder in den übrigen Stücken so ähnlich, daß er am besten mit ihnen unter eine Categorie gebracht wird. Wie nämlich im Herc. Oet. und der Octavia die Anapästen auch dem Dialog dienten, in den andern Stücken nicht, so sind umgekehrt in den andern Tragödien die Anapästen mit andern Metris zu Chorliedern verbunden, was jedoch in den beiden genannten und im Herc. fur. und Thyest. nicht der Fall ist. Diese unterscheiden sich demnach wesentlich in Betreff dieser Gattung von Versen von den übrigen Stücken Senecas, am meisten jedoch die Octavia, da diese gar keine andern Versarten als Trimeter und Anapästen enthält, während die drei andern Tragödien doch in einigen Chorliedern Glyconeen, Asclepiadeen und Sapphici minores aufweisen können. In den andern Stücken aber folgt entweder auf ein System sapphischer Verse ein System anapästischer Dimeter, wie Hipp. 326—358 und Oed. 154—201, wo auf die Anapästen noch Jamben folgen; oder es werden die Anapästen zu Anfang des Chorliedes gesetzt, und an das Ende ein sapphisches System, wie Hipp. 1124—48, wo noch 1129—32 vier logaödische Verse dazwischen treten. Ferner steht ein anapästischer Schluß hinter den logaödischen Chorliedern

Oed. 737—62 und Agam. 634—54, in welchem letzteren nach der Zwischenrede der Kassandra in Trimetern 655—89, der Chor in Anapästen seine Klagen fortsetzt 660—91. Endlich findet sich ein anapästisches System in der Mitte des zusammengesetzten Chorliedes Oed. 403—506, nämlich v. 430—43 mit einem Monometer als Schlußvers, von welchem jedoch erst später bei näherer Betrachtung dieses Chorliedes selbst die Rede sein kann.

III.

Die logaödischen Verse und die Chorlieder.

Bei den logaödischen Versen und den aus ihnen zusammengesetzten Chorliedern sind vor allem streng zu sondern diejenigen Partien, in welchen die Verse stichisch wiederholt oder doch in regelmäßig wiederkehrenden Strophen angewandt werden, von denen, welche aus den logaödischen Versen der verschiedensten Arten zusammengesetzt, kein deutliches Gesetz ihrer Bildung erkennen lassen. Betrachten wir zuerst die ersteren als die einfacheren, so tritt zunächst der Versus Asclepiadeus minor in drei Chorliedern selbstständig und stichisch auf, Herc. fur. 524—91; Thyest. 122—75; Troades 375—412; ferner folgen auf das System von Asclepiadeen (Herc. Oet. 104—72) zu Anfang des Chorliedes, Anapästen als Schluß desselben, und zwei Systeme von Asclepiadeen Med. 56—74. 93—109 werden durch Glyconeen getrennt, den Schluß des Chorliedes bilden aber hier daktylische Hexameter; auf sapphische Verse folgen Asclepiadeen Hipp. 753—60, hierauf drei daktylische Tetrameter und 764—82 wieder Asclepiadeen, welche von dem folgenden System derselben Versart 785—823 durch zwei logaödische Verse, einen Glyconeus und eine logaödische Tripodie getrennt werden. Endlich stehen zwei einzelne Asclepiadeen, Hipp. 1129. 1130, zwischen Anapästen, gefolgt von ganz denselben zwei logaödischen Versen, welche eben als zwischen die Asclepiadeen eingeschoben auftraten, und von denen später die Rede sein wird. Alle diese Verse sind ganz genau nach der Regel gebaut, wie wir sie von Horatius beobachtet finden, stets ist also der erste Fuß ein Spondeus, stets ist die Cäsur nach dem ersten Choriambus eingetreten, und zwischen den einzelnen Versen ist nie Wortbrechung gestattet, vielmehr Hiatus und Syllaba anceps nicht selten. Andere Freiheiten, wie Zusammenziehung des einen Daktylus in einen Spondeus u. s. f. hat sich Seneca in diesen Versen nie erlaubt, vielmehr treten dieselben erst in den freiern logaödischen Chorliedern auf, so daß sie erst dort im Zusammenhange mit den andern Versen behandelt werden können. Da ferner der Asclepiadeus aus zwei logaödischen katalektischen Tripodien besteht, von welchen die erste den Daktylus an zweiter, die zweite an erster Stelle hat, so ist es keineswegs zu verwundern, wenn Seneca, der überhaupt zur Trennung der längern Verse und zur selbstständigen Anwendung der einzelnen Hälften hinneigt, die erste Hälfte des Asclepiadeus minor allein zwischen die vollständigen Verse setzt Troad. 405: Quo non nata jacent, während er andrerseits den Glyconeus (die katalektische logaödische Tetrapodie) und die akatalektische Tripodie mit den Asclepiadeen verbindet, da dies ja so nahe zu einander stehende Rhythmen sind. Von diesem Gesichtspunkte aus erscheint die Einschiebung der Verse Hipp. 783 und 784:

Lascivae nemorum deae
Monti vagique Panes

und Hipp. 1131 und 1132:

Insani Boreae minas
Imbriferumque Corum

vollkommen gerechtfertigt, indem diese logaödische Tripodie dieselbe ist, welche die zweite Hälfte des Asclepiadeus minor bildet, nur akatalektisch. Ganz entsprechende Erscheinungen beim sapphischen und alcäischen Verse werden sich später herausstellen, wo auch der priapeische Vers und der Unterschied zwischen ihm und den hier vorkommenden Versen besprochen wird. Den Versschluß bildet meist ein dreisilbiges Wort, dessen Messung die eines Daktylus oder Kretikus ist; seltner stehen hier mehrsilbige Worte, wie Proserpinae Herc. fur. 549; revocabiles Herc. fur. 559; irremeabiles ibid. 548 etc. Dagegen sind auch zweisilbige Worte nicht selten, jedoch geht dann meist ein drei- oder mehrsilbiges Wort voraus, wie Herc. fur. 541: Navem nunc facilis, nunc equitem, pati, oder ibid. 531: pervigiles genas; 565: pertimuit mori etc. Steht dagegen vor dem letzten zweisilbigen Worte gleichfalls ein zweisilbiges, so geht diesem stets ein ebensolches drittes vorher, wie Herc. fur. 558: Evincas utinam jura ferae Stygis, cfr. 583. 584, wo sogar fünf zweisilbige Worte einander folgen, ferner Thyest. 162: Sed tunc divitias omne nemus suas etc.; oder es geht dem zweisilbigen am Ende, ein einsilbiges, diesem ein dreisilbiges Wort voraus, Thyest 156: Et curvata suis foetibus, ac tremens; 140: Deceptor domini Myrtilus, et fide, was jedoch viel seltner geschieht und wobei meist das einsilbige Wort eine Copula ist. Der erste Daktylus ist in der Regel so gebaut, daß die beiden Kürzen zu einem, die Länge zu dem diesem vorausgehenden Worte gehört, seltner werden jene durch ein zwischen sie fallendes Wortende getrennt; der zweite Daktylus dagegen besteht meist aus einem Worte, obwohl auch hier die Trennung der Kürzen durch ein zwischen sie fallendes Wortende nichts Ungewöhnliches ist, wie Herc. fur. 550 in beiden Daktylen Illic nulla Noto, nulla Favonio etc.

Ganz nach denselben Regeln in Betreff des Versschlusses und des Daktylus sind auch die Glyconeen zusammengesetzt, welche stichisch nach sapphischen Versen sich finden Herc. fur. 875—94, allein im Chorliede Thyest. 336—403 und Herc. Oet. 1032—1131, und zwischen Asclepiadeen Med. 75—92. Daß hier Seneca die Verse nicht zu einer fortlaufenden Reihe verband, zeigt eine hinreichende Anzahl von Versen, welche durch Hiatus und Syllaba anceps je von dem folgenden getrennt werden, und wenn Herc. fur. 875 ff. und Med. 75 ff. sich die Syllaba anceps nicht findet, so ist doch dies mehr dem Zufall als der Absicht des Dichters zuzuschreiben, denn der Hiatus steht in diesen Stellen mehrmals mitten im Satze, und die Syllaba anceps ist in den andern glyconeischen Systemen nicht selten. Ganz passend schließt auch Herc. Oet. 1061 der Pherecrateus (Tunc oblita veneni) ein längeres System von glyconeischen Versen, wobei zugleich der Satz zu Ende geht; dasselbe geschieht v. 1081: Orpheus carmina fundens, wo jedoch nur eine geringere Interpunktion möglich ist, weshalb Gronov sowohl als Bentley *) eine Aenderung vorschlugen, um einen vollen Glyconeus zu erhalten; jener nämlich wollte schreiben: Orpheus carmina funditans, dieser Orpheus carmina dividens; doch verdient die gewöhnliche Lesart

*) Bentl. ad Horatii carm. I, XV, 15.

carmina fundens schon des Sinnes wegen den Vorzug, und so gut als Hipp. 782 u. 783 zwischen die Asclepiadeen ein Glyconeus und die logaödische Tripodie eingeschoben sind, ohne daß mit der Tripodie zugleich der Satz schließt, so gut konnte auch hier Seneca den Pherecrateus (logaödische Tripodie mit Daktylus an zweiter Stelle) zwischen die Glyconeen einschieben.

War in diesen Versen überall an erster Stelle der Spondeus festgehalten, so ist dies in einem einzigen Chorliede Oedip. 881 — 913 nicht der Fall, dieses zeigt überhaupt mehrere Freiheiten, namentlich die Zusammenziehung des Daktylus in den Spondeus in der größeren Hälfte der Verse. Da nun der erste Fuß fast durchgängig ein reiner Trochäus ist, so bekommen diese Verse mit dem Spondeus in zweiter Stelle ganz das Ansehen von trochäischen Dimetern, und Einige haben sie auch als solche aufgefaßt. Dagegen spricht aber nicht allein der ganz ungewöhnliche Gebrauch trochäischer Dimeter in dieser Weise, sondern auch besonders der Umstand, daß statt des Trochäus im ersten Fuße sich zweimal v. 903 u. 907 der Pyrrhichius findet: Fŭgĭt, ēt spārsōs mĕtū Colligit etc.,*) und Cŏmĕs aūdācĭs vĭaē, was in trochäischen Versen nie den Dichtern erlaubt war. Dagegen hat der erste Fuß logaödischer Verse immer bei den griechischen Dichtern mehr Freiheiten gestattet als die andern Füße, ja es findet sich sogar der Tribrachys hier statt des Trochäus. Gleichwohl ist die Anwendung des Pyrrhichius eine sehr seltene, und findet sich bei Seneca auch nur hier in diesem Chorliede, welches freier behandelt ist als die übrigen derselben Versart. Die Ausgänge dieser Verse sind stets zweisilbig, das vorletzte Wort kann ein zwei-, drei- oder mehrsilbiges sein. Anders ist der Bau der Glyconeen in den Chorliedern, wovon später.

Bei weitem mannichfaltiger ist die Anwendung des sapphischen Verses, der sowohl stichisch als auch in regelmäßig sich wiederholenden Strophen sich findet. Zunächst ist der versus sapphicus hendeca-syllabus stichisch wiederholt Herc. fur. 830 — 74 und Hipp. 275 — 325, wo darauf anapästische Dimeter eintreten, während Hipp. 1149 — 53 die sapphischen Verse den Schluß eines anapästischen Chorliedes bilden. Sodann schließt in einigen Chorliedern

*) Daß fugit Präsens, nicht Perfektum ist, also in der That die Messung des Pyrrhichius hat, zeigt deutlich genug das folgende colligit.

der Adonius die Reihe der sapphischen Verse, Thyest. 546—622; Oed. 414—26 und Herc. Oet. 1519—1607; in andern ist der Adonius zwischen die sapphischen Verse eingestreut, steht dagegen nicht am Ende des Systems Oed. 110—53; Troad. 818—64. 1013—59, jedoch Hipp. 736—52 steht der Adonius sowohl in der Mitte als am Ende des sapphischen Systems. Endlich sind, während hier der Adonius ohne ein bestimmtes Gesetz zwischen die sapphischen Verse eingeschoben wurde, auch Strophen gebildet; in der Medea nämlich 580—670 beginnt das Chorlied mit sieben Strophen, deren jede aus drei sapphici minores und einem Adonius besteht, ganz wie Horaz die sapphische Strophe baute. Dann folgen abermals sieben Strophen, aus je acht sapphici und einem Adonius, so daß das Chorlied in sehr übersichtlicher Symmetrie zusammengesetzt ist. Gestört wird diese indeß dadurch, daß statt des Adonius in der vorletzten Strophe v. 661 steht: Patrioque pendet crimine poenas, ein Vers, der nicht etwa aus dem sapphicus verdorben ist, sondern der in zwei Theile zerfällt: Patrioque pendet und crimine poenas. Der zweite Theil ist der Adonius, der erste hingegen die zweite Hälfte des sapphischen Verses, die der Dichter, wie oben die eine Hälfte des Asclepiadeus zwischen Versen dieser Gattung, so hier zwischen sapphischen Versen wiederholt. Auffallend ist allerdings dabei, daß die sapphische clausula hier die Symmetrie stört, und daß das Ende der Periode hier nicht, wie in den andern Strophen, mit dem Ende des Adonius zusammenfällt, aber dies hat sich Seneca schon gestattet, so gut wie er auch sonst in der Composition des sapphicus sich Freiheiten erlaubte, welche wir bei Horaz nirgends finden. Zwar hat Seneca die Cäsur überall streng nach der Arsis des Daktylus eingehalten und nie an dieser Stelle des Verses Hiatus oder Syllaba anceps zugelassen, auch nie zwischen den einzelnen Versen Wortbrechung sich erlaubt, vielmehr öfter sich den Hiatus zwischen zwei Versen gestattet, jedoch hat er besonders im Anfang des Verses mancherlei Neuerungen aufgebracht, welche noch zahlreicher und auffallender später bei der Betrachtung der zusammengesetzten Chorlieder hervortreten werden. Hier mögen nur diejenigen Freiheiten ihre Erwähnung finden, welche in den stichisch wiederholten Versen vorkommen. Zunächst hat in diesen Seneca statt des Spondeus, welcher sonst fast immer im zweiten Fuße auf den Trochäus im ersten Fuße folgt, einige Male den Daktylus sich erlaubt, wie in Eigennamen Hipp. 287: Quaeque ad Hesperias jacet ora metas; Hipp. 289: Si qua Parrhasiae glacialis ursae, aber auch sonst Troad. 840: An ferax varii lapidis Carystos, Troad. 1055: Troja qua jaceat regione monstrans und Med. 637: Sumere innumeras solitum figuras. Denn daß die Worte Hesperias und Parrhasiae in den beiden ersten Beispielen durch consonantische Aussprache des i als dreisilbig anzusehen wären, würde nicht nur an und für sich ganz unzulässig sein, sondern auch die andern Beispiele derselben Freiheit nicht beseitigen. Noch andere Verse dieser Art finden sich in den freiern Chorliedern im Oedipus und Agamemnon, gehören also nicht hierher.

Eine andere Frage ist die, ob sich Seneca auch in den nur aus sapphischen Versen bestehenden Chorliedern erlaubt hat, den Daktylus in den Spondeus zusammenzuziehen, denn in den freier behandelten logaödischen Chorliedern ist dies allerdings unzweifelhaft der Fall. Dagegen sind sonst keine sichern Beispiele des Spondeus im dritten Fuße des sapphischen Verses zu finden, vielmehr die einzigen vier Verse, um welche es sich hierbei handelt, zweifelhaft, nämlich Hipp. 288: Si qua ferventi subiecta Cancro est; Troad. 828: Misit infestos Troiae ruinis; Troad. 857: Dum, luem tantam Troiae atque Achivis und Troad. 856: Mittat, et donet cuicunque terram; denn sowohl subiecta als cuicunque kann viersilbig gelesen werden, wodurch die beiden Verse sich der hergebrachten Regel unterordnen und da auch Troiae ohne Schwierigkeit durch vokalische Aussprache des j dreisilbig wird, so ist kein Grund vorhanden, weil sonst dasselbe Wort zweisilbig ist, deswegen allein dem Dichter eine Freiheit zuzuschreiben, die er sich sonst nirgends in dieser Art der Chorlieder erlaubte, von denen, wie schon wiederholt bemerkt wurde, die freiern Chorlieder sehr wohl zu unterscheiden sind. Aus diesen letztern aber allein sind die Beispiele entnommen, womit man die Zusammenziehung des Daktylus in den Spondeus rechtfertigen wollte.

Die Versausgänge sind ganz wie beim Asclepiadeus gehalten, so daß hierüber nichts hinzuzufügen ist; auch der Adonius ist überall vollständig regelmäßig angewandt.

Waren diese Chorlieder, die größere Zahl der Chorlieder überhaupt, im Ganzen einfach und nach leicht einzusehenden Gesetzen zusammengesetzt, so bleiben nun nur noch vier Chorlieder übrig Oedip. 403—506. 707—36 und Agam. 587—633. 799—858, in welchen nicht nur die bisher betrachteten Versarten mit größerer Freiheit behandelt sind, sondern auch andere Verse durch Theilung der schon erwähnten, sowie durch verschiedene Zusammensetzung der so entstandenen kleinen Verse neu gebildet wurden. Bevor wir jedoch zu der Betrachtung dieser Chorlieder uns wenden, scheint es zweckmäßig, die einzelnen Tragödien überhaupt ihren Metris nach in einer Uebersicht zusammenzustellen, aus welcher sich zugleich ergiebt, daß außer den vier eben erwähnten Chorliedern in der That kein Theil der zehn Stücke einer nähern Untersuchung mehr bedarf, und somit diese vier Chorlieder den letzten, freilich auch den schwierigsten Theil der vorliegenden Arbeit bilden.

1. *Hercules furens:*

v. 1 — 124	jambische Trimeter.
v. 125 — 203	anapästische Dimeter.*)
v. 204 — 524	jambische Trimeter.
v. 524 — 591	Asclepiadeen.
v. 592 — 829	jambische Trimeter.
v. 830 — 874	Sapphici minores.
v. 875 — 894	Glyconeen.
v. 895 — 1053	jambische Trimeter.
v. 1054 — 1137	anapästische Dimeter.
v. 1138 — 1344	jambische Trimeter.

2. *Thyestes.*

v. 1 — 121	jambische Trimeter.
v. 122 — 175	Asclepiadeen.
v. 176 — 335	jambische Trimeter.
v. 336 — 403	Glyconeen.
v. 404 — 545	jambische Trimeter.
v. 546 — 622	Sapphici minores.
v. 623 — 788	jambische Trimeter.
v. 789 — 885	anapästische Dimeter.
v. 886 — 920	jambische Trimeter.

*) Bei den anapästischen Versen werden in dieser Uebersicht die Monometer nicht besonders aufgeführt, ebenso wie der Kürze wegen die Adonii zwischen den Sapphici minores nur mit diesen zusammen angegeben werden, zumal über ihr Vorkommen schon oben hinreichend gesprochen ist.

v. 921 — 970	anapästische Dimeter.
v. 971 — 1113	jambische Trimeter.

3. *Phoenissae.*

v. 1 — 664	jambische Trimeter.

4. *Hippolytus.*

v. 1 — 85	anapästische Dimeter.
v. 86 — 274	jambische Trimeter.
v. 275 — 325	Sapphici minores.
v. 326 — 358	anapästische Dimeter.
v. 359 — 735	jambische Trimeter.
v. 736 — 752	Sapphici minores.
v. 753 — 760	Asclepiadeen.
v. 761 — 763	daktylische Tetrameter.
v. 764 — 782	Asclepiadeen.
v. 783	Glyconeus.
v. 784	logaödische Tripodie.
v. 785 — 823	Asclepiadeen.
v. 824 — 958	jambische Trimeter.
v. 959 — 989	anapästische Dimeter.
v. 990 — 1123	jambische Trimeter.
v. 1124 — 1128	anapästische Dimeter.
v. 1129 u. 1130	Asclepiadeen.
v. 1131	Glyconeus.
v. 1132	logaödische Tripodie.
v. 1133 — 1148	anapästische Dimeter.
v. 1149 — 1153	Sapphici minores.
v. 1154 — 1200	jambische Trimeter.
v. 1201 — 1212	trochäische Tetrameter.
v. 1213 — 1280	jambische Trimeter.

5. *Oedipus.*

v. 1 — 109	jambische Trimeter.
v. 110 — 153	Sapphici minores.
v. 154 — 201	anapästische Dimeter.
v. 202 — 222	jambische Trimeter.
v. 223 — 232	trochäische Tetrameter.

v. 233 — 238 daktylische Hexameter.
v. 239 — 402 jambische Trimeter.
v. 403 — 506 zusammengesetztes Chorlied.
v. 507 — 706 jambische Trimeter.
v. 707 — 736 zusammengesetztes Chorlied.
v. 737 — 762 anapästische Dimeter.
v. 763 — 880 jambische Trimeter.
v. 881 — 913 Glyconeen (mit Spondeus statt des Dactylus in mehreren Versen).
v. 914 — 978 jambische Trimeter.
v. 979 — 996 anapästische Dimeter.
v. 997 — 1060 jambische Trimeter.

6. *Troades.*

v. 1 — 66 jambische Trimeter.
v. 67 — 166 anapästische Dimeter.
v. 167 — 374 jambische Trimeter.
v. 375 — 412 Asclepiadeen (v. 405 erste Hälfte des Asclepiadeus).
v. 413 — 708 jambische Trimeter.
v. 709 — 739 anapästische Dimeter.
v. 740 — 817 jambische Trimeter.
v. 818 — 864 Sapphici minores.
v. 865 — 1012 jambische Trimeter.
v. 1013 — 1059 Sapphici minores.
v. 1060 — 1183 jambische Trimeter.

7. *Medea.*

v. 1 — 55 jambische Trimeter.
v. 56 — 74 Asclepiadeen.
v. 75 — 92 Glyconeen.
v. 93 — 109 Asclepiadeen.
v. 110 — 115 daktylische Hexameter.
v. 116 — 300 jambische Trimeter.
v. 301 — 380 anapästische Dimeter.
v. 381 — 579 jambische Trimeter.
v. 580 — 670 Sapphici minores (strophisch).
v. 671 — 740 jambische Trimeter.

v. 741 — 752 trochäische Tetrameter.
v. 753 — 771 jambische Trimeter.
v. 772 — 787 jambische Strophe (Trimeter und Dimeter).
v. 788 — 845 anapästische Dimeter.
v. 846 — 851 jambische Trimeter.
v. 852 — 867 jambische katalektische Dimeter (dazwischen 3 Tripodieen).
v. 868 — 1016 jambische Trimeter.

8. *Agamemnon.*

v. 1 — 56 jambische Trimeter.
v. 57 — 107 anapästische Dimeter.
v. 108 — 309 jambische Trimeter.
v. 310 — 385 anapästische Dimeter.
v. 386 — 586 jambische Trimeter.
v. 587 — 633 zusammengesetztes Chorlied.
v. 634 — 654 anapästische Dimeter.
v. 655 — 659 jambische Trimeter.
v. 660 — 691 anapästische Dimeter.
v. 692 — 798 jambische Trimeter.
v. 799 — 858 zusammengesetztes Chorlied.
v. 859 — 1004 jambische Trimeter.

9. *Hercules Oetaeus*

v. 1 — 103 jambische Trimeter.
v. 104 — 172 Asclepiadeen.
v. 173 — 233 anapästische Dimeter.
v. 234 — 583 jambische Trimeter.
v. 584 — 706 anapästische Dimeter.
v. 707 — 1031 jambische Dimeter.
v. 1032 — 1131 Glyconeen.
v. 1132 — 1151 jambische Trimeter.
v. 1152 — 1161 anapästische Dimeter.
v. 1162 — 1207. 1219 — 1279 jambische Trimeter.
v. 1208 — 1218. 1280 — 1290 anapästische Dimeter.
v. 1291 — 1518 jambische Trimeter.
v. 1519 — 1607 Sapphici minores.

v. 1608—1863 jambische Trimeter.
v. 1864—1941 anapästische Dimeter.
v. 1942—1945 jambische Trimeter.
v. 1946—1964 daktylische Tetrameter.
v. 1965—1984 jambische Trimeter.
v. 1985—1998 anapästische Dimeter.

10. Octavia.

v. 1—33. 57—98. 200—220. 271—378. 648—692. 765—782. 809—822. 880—988 anapästische Dimeter.
v. 34—56. 99—199. 221—270. 379—647. 693—764. 783—808. 823—879 jambische Trimeter.

Bei der Betrachtung der vier zusammengesetzten Chorlieder, welche alle logaödischen Charakter haben, kömmt es zunächst hauptsächlich auf die Abtheilung der einzelnen Verse an, wobei auf die handschriftliche Ueberlieferung wenig oder gar nicht zu bauen ist, da die Abschreiber in völliger Unkenntniß der metrischen Gesetze Verse nach Gutdünken verbanden oder trennten, so daß noch jetzt in den Ausgaben diese Chorlieder als eine rudis indigestaque moles erscheinen. Einige Herausgeber haben dann auch versucht, diese Verse zu erklären oder anders abzutheilen, aber hierbei so ungewöhnliche und den Gesetzen der Metrik widersprechende Verse zu Tage gefördert, daß auch ihre Mühe nur vergeblich sein konnte. Unter diesen zeichnet sich besonders Bothe aus, dessen gleichfalls verunglückte Versuche beim Plautus von Ritschl mit Recht gerügt sind. Auch Grotefend, welcher in seiner Grammatik im zweiten Bande S. 142—150 (3. Aufl. 1820) die Metra des Seneca behandelt, hat noch Vieles unerledigt gelassen, namentlich aber fehlt bei ihm die Einsicht in die Art und Weise, wie der Dichter aus den gegebenen Versen neue bildete. Denn in den Chorliedern finden sich nicht nur die sonst gebräuchlichen Verse, wie Asclepiadeus und Sapphicus minor, der Versus Alcaicus und der Glyconeus u. s. w., sondern auch vielfache Variationen derselben, Umstellung der beiden Vershälften, Trennung derselben in zwei verschiedene Verse und Zusammensetzung verschiedener Vershälften u. s. w. Denn daß alle diese Verse in lauter kleine Verslein zu zerstückeln seien, kann man unmöglich dem Dichter zutrauen, um so weniger, als die so häufig auch von andern Dichtern gebrauchten Verse oft genug in den Chorliedern vorkommen, um dadurch zu beweisen, daß sie als ganze Verse, nicht als je zwei gesonderte Vershälften anzusehen seien. Einen sichern Maßstab bei Verbindung der Hälften verschiedener Verse giebt sehr oft der Hiatus und die Syllaba anceps, sowie der Schluß der Periode. Indeß wird es nöthig sein, schon hier die vier Chorlieder in der Abtheilung aufzuführen, welche die nachfolgende Auseinandersetzung rechtfertigen oder als nothwendig erweisen wird, damit die einzelnen dadurch neu entstehenden Verse dem Leser schon vor Augen liegen und nicht durch die Verschiedenheit der verschiedenen Ausgaben in der Abtheilung und Zählung der Verse Dunkelheiten bei der Anführung der einzelnen Beispiele entstehen. Dabei werden die Chorlieder nach einander mit I, II, III und IV bezeichnet, in jedem die Verse von 1 an gezählt, und wird diese Zählung auch in der folgenden Auseinandersetzung festgehalten werden.

I. Oedipus v. 403—506.

Effusam redimite comam nutante corymbo,
Mollia Nisaeis armate brachia thyrsis,
Lucidum coeli decus,
Huc ades votis,
5 Quae tibi nobiles Thebae, Bacche, tuae
Palmis supplicibus ferunt!
Huc adverte favens virgineum caput!
Vultu sidereo discute nubila,
Et tristes Erebi minas,
10 Avidumque fatum!
Te decet vernis comam
Floribus cingi,
Te caput Tyria cohibere mitra,
Hederave mollem
15 Baccifera religare frontem;
Spargere effusos sine lege crines,
Rursus adducto revocare nodo;
Qualis iratam metuens novercam
Creveras falsos imitatus artus,
20 Crine flaventi simulata virgo,
Luteam vestem retinente zona.

Inde tam molles placuere cultus,
Et sinus laxi, fluidumque syrma.
Vidit aurato residere curru,
25 Veste cum longa tegeres leones,
Omnis Eoae plaga vasta terrae,
Qui bibit Gangem, niveumque quisquis
Frangit Araxen.
Te senior turpi sequitur Silenus asello,
30 Turgida pampineis redimitus tempora sertis.
Condita lascivi deducunt orgia mystae.
Te Bassaridum comitata cohors
Nunc Edoni pede pulsavit
Sola Pangaei; nunc Threicio
35 Vertice Pindi; nunc Cadmeas
Inter matres impia Maenas
Comes Ogygio venit Iaccho,
Nebride sacra praecincta latus.
Tibi commotae pectora matres
40 Fudere comam; thyrsumque levem
Vibrante manu iam post laceros
Pentheos artus Thyades, oestro
Membra remissae, velut ignotum
Videre nefas.
45 Ponti regna tenet nitidi matertera Bacchi
Nereidumque choris Cadmeia cingitur Ino;
Ius habet in fluctus magni puer advena ponti
Cognatus Bacchi, numen non vile, Palaemon.
Te Tyrrhena, puer, rapuit manus,
50 Et timidum Nereus posuit mare;
Caerula cum pratis mutat freta:
Hinc verno platanus folio viret,
Et Phoebo laurus carum nemus;
Garrula per ramos avis obstrepit;
55 Vivaces hederas remus tenet;
Summa ligat vitis carchesia.
Idaeus prora fremuit leo;
Tigris puppe sedet Gangetica.
Tum pirata freto pavidus natat,

carmina fundens schon des Sinnes wegen den Vorzug, und so gut als Hipp. 782 u. 783 zwischen die Asclepiadeen ein Glyconeus und die logaödische Tripodie eingeschoben sind, ohne daß mit der Tripodie zugleich der Satz schließt, so gut konnte auch hier Seneca den Pherecrateus (logaödische Tripodie mit Daktylus an zweiter Stelle) zwischen die Glyconeen einschieben.

War in diesen Versen überall an erster Stelle der Spondeus festgehalten, so ist dies in einem einzigen Chorliede Oedip. 881—913 nicht der Fall, dieses zeigt überhaupt mehrere Freiheiten, namentlich die Zusammenziehung des Daktylus in den Spondeus in der größeren Hälfte der Verse. Da nun der erste Fuß fast durchgängig ein reiner Trochäus ist, so bekommen diese Verse mit dem Spondeus in zweiter Stelle ganz das Ansehen von trochäischen Dimetern, und Einige haben sie auch als solche aufgefaßt. Dagegen spricht aber nicht allein der ganz ungewöhnliche Gebrauch trochäischer Dimeter in dieser Weise, sondern auch besonders der Umstand, daß statt des Trochäus im ersten Fuße sich zweimal v. 903 u. 907 der Pyrrhichius findet: Fŭgĭt, ĕt spārsōs mĕtū Colligit etc.,*) und Cŏmĕs aūdācĭs vĭaē, was in trochäischen Versen nie den Dichtern erlaubt war. Dagegen hat der erste Fuß logaödischer Verse immer bei den griechischen Dichtern mehr Freiheiten gestattet als die andern Füße, ja es findet sich sogar der Tribrachys hier statt des Trochäus. Gleichwohl ist die Anwendung des Pyrrhichius eine sehr seltene, und findet sich bei Seneca auch nur hier in diesem Chorliede, welches freier behandelt ist als die übrigen derselben Versart. Die Ausgänge dieser Verse sind stets zweisilbig, das vorletzte Wort kann ein zwei-, drei- oder mehrsilbiges sein. Anders ist der Bau der Glyconeen in den Chorliedern, wovon später.

Bei weitem mannichfaltiger ist die Anwendung des sapphischen Verses, der sowohl stichisch als auch in regelmäßig sich wiederholenden Strophen sich findet. Zunächst ist der versus sapphicus hendeca-syllabus stichisch wiederholt Herc. fur. 830—74 und Hipp. 275—325, wo darauf anapästische Dimeter eintreten, während Hipp. 1149—53 die sapphischen Verse den Schluß eines anapästischen Chorliedes bilden. Sodann schließt in einigen Chorliedern

*) Daß fugit Präsens, nicht Perfektum ist, also in der That die Messung des Pyrrhichius hat, zeigt deutlich genug das folgende colligit.

der Adonius die Reihe der sapphischen Verse, Thyest. 546—622. Oed. 414—26 und Herc. Oet. 1519—1607, in andern ist der Adonius zwischen die sapphischen Verse eingestreut, steht dagegen nicht am Ende des Systems Oed. 110—53; Troad. 818—64. 1013—59, jedoch Hipp. 736—52 steht der Adonius sowohl in der Mitte als am Ende des sapphischen Systems. Endlich sind, während hier der Adonius ohne ein bestimmtes Gesetz zwischen die sapphischen Verse eingeschoben wurde, auch Strophen gebildet; in der Medea nämlich 580—670 beginnt das Chorlied mit sieben Strophen, deren jede aus drei sapphici minores und einem Adonius besteht, ganz wie Horaz die sapphische Strophe baute. Dann folgen abermals sieben Strophen, aus je acht sapphici und einem Adonius, so daß das Chorlied in sehr übersichtlicher Symmetrie zusammengesetzt ist. Gestört wird diese indeß dadurch, daß statt des Adonius in der vorletzten Strophe v. 661 steht: Patrioque pendet crimine poenas, ein Vers, der nicht etwa aus dem sapphicus verdorben ist, sondern der in zwei Theile zerfällt: Patrioque pendet und crimine poenas. Der zweite Theil ist der Adonius, der erste hingegen die zweite Hälfte des sapphischen Verses, die der Dichter, wie oben die eine Hälfte des Asclepiadeus zwischen Versen dieser Gattung, so hier zwischen sapphischen Versen wiederholt. Auffallend ist allerdings dabei, daß die sapphische clausula hier die Symmetrie stört, und daß das Ende der Periode hier nicht, wie in den andern Strophen, mit dem Ende des Adonius zusammenfällt, aber dies hat sich Seneca schon gestattet, so gut wie er auch sonst in der Composition des sapphicus sich Freiheiten erlaubte, welche wir bei Horaz nirgends finden. Zwar hat Seneca die Cäsur überall streng nach der Arsis des Daktylus eingehalten und nie an dieser Stelle des Verses Hiatus oder Syllaba anceps zugelassen, auch nie zwischen den einzelnen Versen Wortbrechung sich erlaubt, vielmehr öfter sich den Hiatus zwischen zwei Versen gestattet, jedoch hat er besonders im Anfang des Verses mancherlei Neuerungen aufgebracht, welche noch zahlreicher und auffallender später bei der Betrachtung der zusammengesetzten Chorlieder hervortreten werden. Hier mögen nur diejenigen Freiheiten ihre Erwähnung finden, welche in den stichisch wiederholten Versen vorkommen. Zunächst hat in diesen Seneca statt des Spondeus, welcher sonst fast immer im zweiten Fuße auf den Trochäus im ersten Fuße folgt, einige Male

Annosa supra robora sibilat,
Supraque pinus;
Supra Chaonias celsior arbores
Caerulum erexit caput, *)
25 Cum maiore sui parte recumberet;
Aut foeta tellus impio partu
Effudit arma;
Sonuit reflexo
Classicum cornu lituusque adunco
30 Stridulos cantus elisit aere
Ante non linguas agiles, et auram
Vocis ignotae clamore primum
Hostico experti,
Agmina, campos, cognata tenent.
35 Dignaque iacto semine proles,
Uno aetatem permensa die,
Post Luciferi nata meatus,
Ante Hesperios occidit ortus.
Horret tantis advena monstris
40 Populique timet bella recentis:
Donec cecidit saeva iuventus,
Genitrixque suo reddi gremio
Modo productos vidit alumnos.
Hac transierit civile nefas!
45 Illa Herculeae norint Thebae
Proelia fratrum! Quid Cadmei
Fata nepotis, cum vivacis
Cornua cervi frontem ramis
Texere novis dominumque canes
50 Egere suum? Praeceps silvas
Montesque fugit citus Actaeon,
Agilique magis pede per saltus
Et saxa vagus metuit motas
Zephyro plumas, et quae posuit
55 Retia vitat; donec placidi
Fontis in unda cornua vidit

*) Caerulum, nicht Caeruleum ist die allein richtige Lesart.

Vultusque feros, ubi virgineos
Foverat artus nimium saevi
Diva pudóris.

III. Agamemnon v. 587—633.

Heu quam dulce malum mortalibus additum
Vitae dirus amor, cum pateat malis
Effugium et miseros libera mors vocet,
Portus aeterna placidus quiete!
5 Nullus hunc terror nec impotens
Procella fortunae movet aut iniqui
Flamma Tonantis.
Pax alta; nullos
Civium coetus timet aut minaces
10 Victoris iras; non maria asperis
Insana Coris; non acies feras,
Pulvereamque nubem,
Motam barbaricis equitum catervis;
Non urbe cum tota populos cadentes,
15 Hostica muros populante flamma,
Indomitumve bellum;
Perrumpet omne servitium [malum] *)
Contemtor levium deorum,
Qui vultus Acherontis atri,
20 Qui Styga tristem
Non tristis videt,
Audetque vitae ponere finem,
Par ille regi, par Superis erit.
O quam miserum est nescire mori!
25 Vidimus patriam ruentem
Nocte funesta
Cum Dardana tecta
Dorici raperitis ignes!
Non illa bello victa, nec armis,

*) malum ist nach einer vom Prof. Dr. Bergk dem Verfasser gütigst mitgetheilten Conjectur desselben in den Text gesetzt, um einen vollständigen Vers der später zu beschreibenden Abart des sapphicus minor zu erhalten.

30 Ut quondam Herculea cecidit pharetra!
Quam non Pelei Thetidosque natus,
Carusque Pelidae nimium feroci
Vicit acceptis cum fulsit armis,
Fuditque Troas falsus Achilles;
35 Aut cum ipse Pelides animos feroces
Sustulit luctu, celeremque saltu
Troades summis timuere muris,
Perdidit in malis
Extremum decus fortiter vinci:
40 Restitit annis
Troia bis quinis,
Unius noctis peritura furto.
Vidimus simulata dona
Molis immensae; Danaumque
45 Fatale munus duximus nostra
Creduli dextra; tremuitque saepe
Limine in primo sonipes, cavernis
Conditos reges bellumque gestans
Et licuit versare dolos, ut ipsi
50 Fraude sua capti caderent Pelasgi.
Saepe commotae sonuere parmae;
Tacitumque murmur percussit aures
Ut fremuit male subdolo parens Pyrrhus Ulyssi.

IV. Agamemnon v. 799—858.

Argos nobilibus nobile civibus,
Argos iratae carum novercae
Semper ingentes educas alumnos;
Imparem aequasti numerum deorum:
5 Tuus ille bisseno meruit labore
Adlegi coelo magnus Alcides,
Cui lege mundi
Iupiter rupta
Roscidae noctis geminavit horas
10 Iussitque Phoebum
Tardius celeres agitare currus,

Et tuas lente remeare bigas,
Pallida Phoebe; retulitque pedem,
Nomen alternis stella quae mutat
15 Seque mirata est
Hesperum dici;
Aurora movit ad solitas vices
Caput et relabens imposuit senis
Humero mariti. Sensit Ortus,
20 Sensit Occasus
Herculem nasci: violentus ille
Nocte non una poterat creari.
Tibi concitatus substitit mundus,
O puer magnum subiture coelum!
25 Te sensit Nemeaeus arcto
Pressus lacerto fulmineus leo,
Cervaque Parrhasis;
Sensit Arcadii populator agri;
Gemuitque taurus, Dictaea linquens
30 Horridus arva.
Morte foecundum domuit draconem,
Vetuitque collo pereunte nasci;
Geminosque fratres
Pectore ex uno, tria monstra, natos
35 Stipite incusso fregit insultans;
Duxitque ad ortus Hesperium pecus,
Geryonae spolium triformis.
Egit Threicium gregem,
Quem non Strymonii gramine fluminis
40 Hebrive ripis pavit tyrannus:
Hospitum dirus stabulis cruorem
Praebuit saevis; tinxitque crudos
Ultimus rictus sanguis aurigae.
Vidit Hippolyte ferox pectore in medio rapi
45 Spolium; et sagittis nube percussa
Stymphalis alto decidit coelo;
Arborque pomis fertilis aureis
Extimuit manus insueta carpi,
Fugitque in auras leviore ramo.

50 Audivit sonitum crepitante lamna
Frigidus custos nescius somni,
Linqueret cum iam nemus omne fulvo
Plenus Alcides vacuum metallo.
Tractus ad coelum canis Inferorum
55 Triplici catena tacuit, nec ullo
Latravit ore,
Lucis ignotae metuens colorem.
Te duce succidit
Mendax Dardaniae domus,
60 Et sensit arcus iterum timendos;
Te duce concidit totidem diebus
Troia, quot annis.

Bei der Betrachtung der vielfachen Freiheiten, welche sich Seneca im Bau der einzelnen Verse dieser Chorlieder erlaubt hat, bildet der Versus sapphicus hendecasyllabus den natürlichsten Ausgangspunkt. Denn nicht nur zeigt gerade er die meisten Unregelmäßigkeiten, und kömmt am häufigsten vor, sondern er beweist gerade am deutlichsten, wie die Freiheiten von Stufe zu Stufe die eine aus der andern gefolgt sind.

Der regelmäßige Versus sapphicus minor oder hendecasyllabus ist eine logaödische Pentapodie, welche an dritter Stelle den Daktylus hat, und deshalb an zweiter Stelle den Spondeus; dagegen an erster stets den Trochäus nach den Gesetzen der allgemeinen Metrik, welche ich hier nicht noch zu entwickeln brauche. Dieser Vers, dessen Schema demnach ist: — ᴗ — — — ᴗ ᴗ — ᴗ — ⏓, findet sich in den vier Chorliedern 48 Mal, nämlich I, 16—27. 78—80. 83. 86. 88. 93. 94. 97. 100; II, 12. 18. 29. 31; III, 4. 9. 15. 36. 37. 42. 46. 47. 51; IV, 4. 9. 12. 21. 22. 24. 31. 34. 41. 52. 53. 54. 57. Wie aber schon in den übrigen Chorliedern die Freiheit vorkam, daß der Dichter den Daktylus im zweiten Fuße statt des Spondeus zuließ, so auch hier bisweilen, wie I, 13: Te caput Tyria cohibere mitra; IV, 11: Tardius celeres agitare currus, und IV, 28: Sensit Arcadii populator agri. Oefter noch wird der Daktylus in der Mitte in den Spondeus zusammengezogen, was in den übrigen Chorliedern nicht geschah, wie II, 30: Stridulos cantus elisit aere; 32: Vocis ignotae clamore primum; III, 33: Vicit acceptis cum fulsit armis; 48: Conditos reges bellumque gestans; IV, 2: Argos iratae carum novercae; 42: Praebuit saevis; tinxitque crudos.

Eine Freiheit ganz neuer und ungewöhnlicher Art ist es aber, wenn Seneca im sapphischen Verse die beiden ersten Versfüße mit einander vertauscht, so daß also der Vers mit einem Spondeus anfängt, und vor dem Daktylus einen Trochäus hat: — — — ◡ — ◡ ◡ — ◡ — ◡ III, 31: Quam non Pelei Thetidosque natus. Auch hier wird, wie im gewöhnlichen Verse, der Spondeus in den Daktylus aufgelöst, IV, 61: Te duce concidit totidem diebus, ja es tritt sogar im zweiten Fuße statt des Trochäus der vor dem Daktylus in der Mitte sonst gewöhnliche Spondeus wieder ein, so daß der Vers nur noch im Schluß mit dem sapphischen Aehnlichkeit hat. III, 49 u. 50: Et licuit versare dolos ut ipsi Fraude sua capti caderent Pelasgi; zwei Pentapodieen, welche je zwei Daktylen enthalten, die gegen alle Regeln durch den Spondeus getrennt sind, und welche so ihre Erklärung finden. Aequivalent mit diesen beiden Versen und aus ihnen herzuleiten, schwerlich aber auf den Sapphicus zurückzuführen, sind drei andere logaödische Pentapodieen, welche vorn den Spondeus und dann zwei Daktylen enthalten, entsprechend dem Daktylus, Spondeus und Daktylus im vorigen Beispiele: III, 13: Motam barbaricis equitum catervis; 30: Ut quondam Herculea cecidit pharetra und IV, 50: Audivit sonitum crepitante lamna. Endlich wird in dieser Nebenform des Sapphicus, deren erster Spondeus aufgelöst ist, noch der zweite Daktylus contrahirt in den Spondeus IV, 48: Extimuit manus insueta carpi.

Endlich nimmt der ursprüngliche Sapphicus noch dadurch eine andere Gestalt an, daß die Anacrusis davortritt, ein Fall, welcher sonst sehr selten bei diesem Verse sich findet. Dieselbe ist entweder einsilbig, wie III, 14: Non urbe cum tota populos cadentes; 32: Carusque Pelidae nimium feroci; 35: Aut cum ipse Pelides animos feroces, wonach auch III, 6 sicherlich zu verbinden ist Procella fortunae movet aut iniqui, oder auch zweisilbig IV, 5: Tuus ille bisseno meruit labore; so daß die verschiedenen Formen des Sapphicus sind:

— ⏑ — —   — ⏑ ⏑   — ⏑ — ⏓
— ⏑ — —   — —   — ⏑ — ⏓
— ⏑ — ⏑ ⏑   — ⏑ ⏑   — ⏑ — —
— — — ⏑   — ⏑ ⏑   — ⏑ — —
— ⏑ ⏑ — ⏑   — ⏑ ⏑   — ⏑ — —
— ⏑ ⏑ — —   — ⏑ ⏑   — ⏑ — —
— — — ⏑ ⏑   — ⏑ ⏑   — ⏑ — —
— ⏑ ⏑ — ⏑   — —   — ⏑ — —
—   — ⏑ — —   — ⏑ ⏑   — ⏑ — —
⏑ ⏑   — ⏑ — —   — ⏑ ⏑   — ⏑ — —

Zu erwähnen ist hier noch eine Form der logaödischen Pentapodie mit Spondeus und Daktylus, dann dem Ithyphallicus I, 81: Thermodontiacae graves catervae, welche sich an keine sonst bekannte Form anschließt.

Im sapphischen Verse nun scheiden sich, da die Cäsur stets in der Mitte nach der Arsis des Daktylus beobachtet ist, streng zwei Hälften aus, das sapphische Penthemimeres, der Theil vor der Cäsur — ⏑ — — —, und die sapphische Clausula, der Theil nach der Cäsur ⏑ ⏑ — ⏑ — —. Die verschiedenen Abarten des Sapphicus liefern ebenso viele verschiedene Hälften, die auch in der That getrennt oder mit einander zu einem Verse verbunden sonst vorkommen. So kann man folgende Formen unterscheiden:

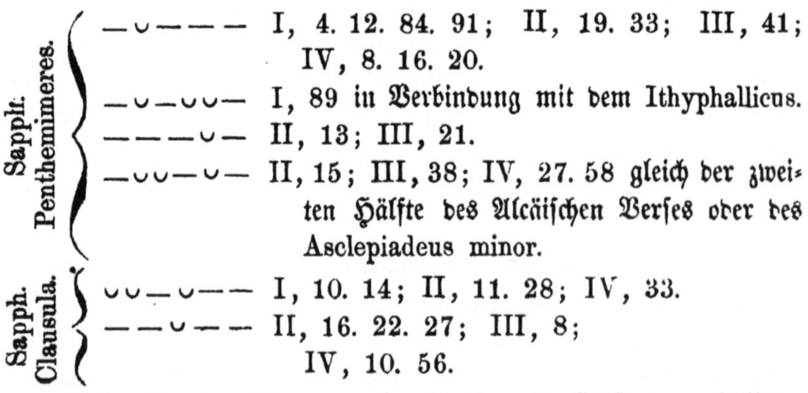

Sapph. Penthemimeres.

— ⏑ — — — I, 4. 12. 84. 91; II, 19. 33; III, 41; IV, 8. 16. 20.
— ⏑ — ⏑ ⏑ — I, 89 in Verbindung mit dem Ithyphallicus.
— — — ⏑ — II, 13; III, 21.
— ⏑ ⏑ — ⏑ — II, 15; III, 38; IV, 27. 58 gleich der zweiten Hälfte des Alcäischen Verses oder des Asclepiadeus minor.

Sapph. Clausula.

⏑ ⏑ — ⏑ — — I, 10. 14; II, 11. 28; IV, 33.
— — ⏑ — — II, 16. 22. 27; III, 8; IV, 10. 56.

Beide Formen können auch als die erste Hälfte des alcäischen Verses angesehen werden, bei dem sie sich in der That finden, da dieser aber verhältnißmäßig viel seltner vorkömmt als der Sapphicus, so werden sie wohl als aus diesem entstanden zu betrachten sein. Für die weitere Betrachtung kömmt es auch darauf weiter nicht an.

Zu diesen Vershälften tritt selbstständig oder nicht der Adonius hinzu, der auch einzeln sich findet I, 28; III, 7. 20. 26. 40; IV, 7. 15. 30. 62; einmal sogar mit Anakrusis — — ◡ ◡ — — III, 27. Ehe wir jedoch die Frage behandeln, ob diese einzelnen Vershälften mit einander zu neuen Versen zu verbinden oder getrennt zu schreiben sind, ist es nöthig, über den Gebrauch des alcäischen Verses selbst, so wie über den des Asclepiadeus minor Einiges vorauszuschicken, um so mehr, als gerade aus diesen Beispielen einige für die andern Verse wichtige Folgerungen gezogen werden müssen.

Der alcäische Vers ist verhältnißmäßig selten, er findet sich überhaupt **13** Mal, nämlich I, 96; II, 4. 8. 17. 20. 21; III, 10. 11. 23; IV, 17. 26. 36. 47. Einmal ist noch die erste Länge, die Anakrusis des Verses aufgelöst IV, 18: Caput et relabens imposuit senis, und einmal ist der Spondeus vor dem Daktylus mit dem Trochäus vertauscht III, 17: Perrumpet omne servitium malum; eine Contraktion des Daktylus dagegen findet sich direkt nicht, nur in indirekter Weise, wovon gleich die Rede sein wird. Seltner noch ist der Asclepiadeus minor, welcher nur **10** Mal angewandt ist I, 7. 8. 101; II, 5. 9. 23. 25; III, 2; IV, 1. 39. Einmal ist hier in der ersten Hälfte der Daktylus contrahirt II, 17: Ut primum magni natus Agenoris, und III, 3: Effugium et miseros libera mors vocet ist wohl eher wie im Sapphicus anzunehmen, daß der Spondeus im ersten Fuße aufgelöst ist, ganz wie dies in Glyconeus geschicht, als daß Effugium mit consonantischer Aussprache des j dreisilbig zu lesen wäre, zumal da für diese consonantische Aussprache nach dem g kein Beispiel sonst bei Seneca sich findet.

Es ist bereits früher darauf hingewiesen, daß der Asclepiadeus minor aus zwei logaödischen katalektischen Tripodieen besteht, von welchen Seneca die eine mitten zwischen die vollständigen Asclepiadeen einschob. Dies kann indeß noch nicht beweisen, daß er nun auch immer diese Hälfte selbstständig brauchte. Vielmehr verbinden sie sich mit andern Verstheilen zu neuen Versen. Dies zeigt schon jene Variation des Sapphicus IV, 61: Te duce concidit totidem diebus, wo an die zweite Hälfte des Asclepiadeus die clausula sapphica tritt, und so einen neuen selbstständigen Vers bildet; dasselbe beweist I, 89: Tradidit thalamis virginem relictam, wo der Ithyphallicus, der so sehr selten allein vorkömmt, sich an die erste Hälfte des Asclepiadeus anschließt, in welcher nur statt des ersten Spondeus der Trochäus zugelassen ist. Da nun diese Vershälfte mit dem sapphischen Penthemimeres äquivalent ist, wie oben gezeigt wurde, so ist hierher auch zu rechnen IV, 3: Semper in gentes educas alumnos, wo dieses sapphische Penthemimeres als erste Hälfte eines neuen Verses gilt. Hieraus ergiebt sich also, daß die Hälften der gebräuchlichen Verse nicht nothwendig als selbstständige Verse angesehen werden müssen, vielmehr unter einander neue Verbindungen eingehen. Welcher Art dieselben sind, zeigt sofort das Beispiel I, 5: Quae tibi nobiles Thebae Bacche tuae, wo nämlich die beiden Hälften des Asclepiadeus nur in umgekehrter Ordnung verbunden sind. Ganz analog sind zwei andere Verse IV, 23: Tibi concitatus substitit mundus und IV, 45: Spolium et sagittis nube percussa, in welchen die sapphische clausula mit dem sapphischen Penthemimeres zu einem Verse verbunden ist. Derselbe Vers katalektisch gebraucht kehrt wieder IV, 19: Humero mariti. Sensit Ortus. Besser vielleicht wird jedoch dieser Vers als der dritte Vers der alcäischen Strophe aufgefaßt, d. h. als trimeter trochaicus, dessen Anacrusis aufgelöst ist, ähnlich wie dies beim alcäischen und sapphischen Verse geschieht.

Besonders kommen nun die beiden Hälften des sapphischen Verses in Frage und der Adonius, wie weit je zwei von ihnen zu verbinden, wie weit sie zu trennen sind. Hierbei ist zunächst zu beachten, daß die einzelnen Vershälften jeder Zeit mit dem Wortende schließen, also nie mit der folgenden Hälfte äußerlich verbunden sind; die Verbindung steht also insofern in unserm Belieben, als die übrigen Gesetze sie gestatten. Der Adonius aber ist seinem Charakter nach so sehr ein Schlußvers, daß er nicht gut mit einer andern Vershälfte so zu einem Ganzen verbunden werden kann, daß er selbst den Anfang des neuen Verses bildet, vielmehr muß er dann entweder den Ausgang des Verses ausmachen, oder allein gesetzt werden. Daher sind in zwei Verse zu trennen Stellen, wie IV, 7: Cui lege mundi Iupiter rupta; IV, 15: Seque mirata est Hesperum dici etc., während ohne allen Anstoß Verse sind, wie I, 76: Quasque despectat vertice summo etc. Ferner ist auch der Hiatus oder die Syllaba anceps ein Kriterium für die Trennung. So muß man II, 27 trennen Effudit arma; und

Sonuit reflexo, weil die sapphische clausula innerhalb des Verses am Ende keine Syllaba anceps haben kann; der Hiatus verbietet zu verbinden II, 33: Hostico experti, und agmina campos, was vielmehr zum folgenden Verse gehört und als anapästische Dipodie zu lesen ist. Auf diese Weise bleiben sowohl solche Venshälften einzeln stehen, wie sie oben angeführt wurden, dann aber gruppiren sie sich unter einander zu folgenden Versen: durch Verdoppelung desselben Colons oder eines äquivalenten entstehen:

—∪——— —∪——— I, 74. 75; IV, 6. 14. 35. 43. 51.
oder: ———∪— —∪——— III, 39.
∪∪—∪——— ∪∪—∪——— I, 82; IV, 32. 55.
——∪—— ∪∪—∪——— I, 72. 87. 102; II, 6;
IV, 49. 60.
∪∪—∪——— ———∪——— III, 52; IV, 29.
——∪—— ——∪—— IV, 40.

Durch die Verbindung der beiden sapphischen Cola in umgekehrter Ordnung sind erhalten die schon oben genannten Verse:

∪∪—∪——— —∪——— IV, 23. 45.

und damit äquivalent

——∪——— —∪——— II, 26; III, 45; IV, 46.

und endlich durch Verbindung jedes einzelnen Colons mit dem Adonius:

—∪——— —∪∪—— I, 76.
∪∪—∪——— —∪∪—— I, 90. 95.
——∪—— —∪∪—— III, 22. 29. 34.

Die einzelnen Beispiele werden sich nachher bei Durchnahme der Chorlieder für sich noch besonders herausstellen. Haben so eine große Anzahl von Versen ihre Erklärung gefunden, so bleiben nun von den in den Chorliedern gebrauchten Versarten nur noch wenige übrig. Vor allen ist hier zu nennen der Glyconeus, der regelmäßig den Spondeus im ersten Fuße hat I, 6. 9. 92; II, 2. 10; IV, 38. 59. Dagegen steht hier der Trochäus II, 3 und in den zwei Glyconeen IV, 44, welche zu einem Verse zu verbinden sind.

Mannichfaltigere Formen als der Glyconeus oder die katalektische logaödische Tetrapodie zeigt die akatalektische, deren Grundform wir, als vom Glyconeus ausgehend, in mehreren Versen erkennen, wie I, 99: Infusos humero capillis; III, 18: Contemtor levium deorum; 19: Qui vultus Acherontis atri, und IV, 25:

Te sensit Nemeaeus arcto. Statt des Spondeus findet sich hier im ersten Fuße der Trochäus III, 28: Dorici raperitis ignes; III, 25: Vidimus patriam ruentem und III, 43: Vidimus simulata dona. Dagegen ist der Spondeus der Grundform in den Daktylus aufgelöst: I, 15: Baccifera religare frontem, und IV, 37: Geryonae spolium triformis (es ist dies der vierte Vers der von Horaz so oft gebrauchten alcäischen Strophe), und vor beide Formen, sowohl mit dem Spondeus als dem Daktylus an erster Stelle tritt eine zweisilbige Anakrusis II, 14: Vomer aut tardi iuga curva plaustri, und I, 77: Sidus Arcadium. geminumque plaustrum. Die Formen der logaödischen Tetrapodie, soweit sie bei Seneca vorkommen und sich aus der angegebenen Grundform ableiten lassen, sind daher:

— — — ◡◡ — ◡ — —
— ◡ — ◡◡ — ◡ — —
— ◡◡ — ◡◡ — ◡ — —
◡◡ — — — ◡◡ — ◡ — —
◡◡ — ◡◡ — ◡◡ — ◡ — —

Zu diesen tritt noch eine außer Zusammenhang mit ihnen stehende Form der Tetrapodie III, 44: Molis immensae; Danaumque. Aus dem Glyconeus und dem Pherecrateus besteht der sogenannte priapeische Vers, mit welchem das dritte Chorlied schließt III, 53: Ut fremuit male subdolo parens Pyrrhus Ulyssi, ein Vers, welcher sich von der gewöhnlichen auch von Catull (XVII, 1 ff.) angewandten Form nur dadurch unterscheidet, daß der Spondeus im ersten Fuße des Glyconeus in den Daktylus aufgelöst ist. Sehr ähnlich diesem Verse sind die schon früher erwähnten Lascivae nemorum deae Montivagique Panes Hipp. 783 u. 84; Insani Boreae minas Imbriferumque Corum Hipp. 1131 u. 32, welche nur in der Tripodie den Daktylus nicht an zweiter, sondern an erster Stelle haben. Auch diese Verse müßten demnach je in eine Reihe geschrieben, nicht in je zwei verschiedene Verse zerlegt werden.

Endlich bleibt noch die akatalektische Tripodie zu erwähnen, welche viel seltner ist; nämlich sie findet sich zweimal mit dem Daktylus an erster Stelle III, 12: Pulvereamque nubem, und 16: Indomitumve bellum; ferner mit einsilbiger, nie mit zweisilbiger Anakrusis, einmal I, 85: Amphioniaque caede. Von trochäischen Versen findet sich nur der Dimeter akatalektisch mit Anakrusis (der dritte Vers der bekannten alcäischen Strophe) I, 98: Solemne Phoebus carmen edit, und derselbe Vers mit zweisilbiger Anakrusis IV, 19: Humero mariti. Sensit Ortus, ein Fall, der auch bei den alcäischen Versen vorkömmt; öfter katalektisch ohne Anakrusis I, 3: Lucidum coeli decus; I, 11: Te decet vernis comam, und II, 24: Caerulum erexit caput; zuletzt die katalektische Pentapodie III, 5: Nullus hunc terror nec impotens. Sonst sind eingestreut drei anapästische Dimeter vereinzelt II, 1; III, 24; IV, 13, außer dem schon früher erwähnten Systeme im ersten Chorliede; ferner eröffnet eine daktylische Pentapodie das Chorlied III, 1: Heu quam dulce malum mortalibus additum, eine Tetrapodie findet sich noch I, 73, ein System derselben I, 49—65, endlich daktylische Hexameter im Chorlied I, wo sie, wie wir sogleich sehen werden, die verschiedenen Versarten von einander trennen.

Nachdem die einzelnen Versarten so durchgesprochen sind, wie sie am besten aus den gewöhnlichen Formen abgeleitet werden können, wobei denn auch die vielen Freiheiten, welche sich Seneca in Zusammenziehung und Auflösung, Trennung und Vereinigung der Vershälften erlaubte, klar hervortraten, gehen wir zum Schluß zur Betrachtung der einzelnen Chorlieder an sich und zur Bestimmung ihres Charakters über.

Am kunstvollsten ist das erste Chorlied Oedipus v. 430—506 zusammengesetzt. Nach zwei die Einleitung bildenden daktylischen Hexametern folgt ein gemischtes logaödisches System von 13 Versen, welches v. 15 mit einer logaödischen Tetrapodie und größerer Interpunktion schließt. Nun folgt ein sapphisches System von 13 Versen, und zwar 12 Sapphici minores mit dem Adonius als Schlußvers, welches von dem nächsten System, einem anapästischen von gleichfalls 13 Versen (12 Dimeter und 1 Monometer) durch drei daktylische Hexameter getrennt wird. Diese Hexameter haben also den Zweck, die Gruppen der verschiedenen Verse zu scheiden, weshalb sie nach dem ersten System von 13 Versen nicht angebracht sind, da dies eben so logaödisch ist, als das zweite, das sapphische. Zu demselben Zweck nun stehen nach dem anapästischen System vier Hexameter, an welche sich eine vierte Gruppe von 17 daktylischen Tetrapodieen anschließt, die wiederum hinter sich sechs Hexameter haben. Das letzte System, gleichfalls durch diese sechs Hexameter am Anfang, durch sechs andere am Ende bezeichnet, ist wiederum logaödisch und sollte offenbar die Zahlen der vorhergehenden zusammen enthalten, nämlich 13 + 17. Statt dessen steht ein Vers mehr, denn die erste Gruppe, welche v. 85 mit einer größern Interpunktion schließt, enthält 14 Verse, da v. 84 u. 85 sich deswegen nicht zu einem Verse vereinigen lassen, weil Sanguine undavit die kurze Silbe am Ende nicht durch diese Verbindung mit v. 85 Amphioniaque caede verlieren würde, was beim sapphischen Penthemimeres stets geschehen muß, wenn es den Anfang eines Verses bildet; auch wäre die Anakrusis in der Mitte sehr lästig. Wir müssen hier dem Dichter dieselbe Freiheit einräumen, welche er sich früher in den sapphischen Strophen Medea v. 661 erlaubte, daß er nämlich statt des einfachen Schlußverses noch ein Colon mehr hinzufügt, dort die sapphische Clausula, hier das sapphische Penthemimeres. Der zweite Theil enthält 17 Verse, und so stellt sich die Symmetrie einfach her:

v. 1 u. 2	zwei Hexameter.
v. 3 — 15	logaödisches System von 13 Versen.
v. 16 — 28	sapphisches System von 13 Versen.
v. 29 — 31	drei Hexameter.
v. 32 — 44	anapästisches System von 13 Versen.
v. 45 — 48	vier Hexameter.
v. 49 — 65	daktylisches System von 17 Versen.
v. 66 — 71	sechs Hexameter.
v. 72 — 102	logaödisches System von 13 + 17 Versen, doch statt dieses letzten Systems steht ein System von 14 und ein System von 17 Versen.
v. 103 — 108	sechs Hexameter.

Diese einzelnen Verse der logaödischen Systeme sind durch Hiatus und Syllaba anceps von einander getrennt, ebenso die des daktylischen Systems, so daß deswegen auch die anapästischen Dimeter, die hier nicht durch Hiatus getrennt sind, als einzelne Verse, nicht als fortlaufende Reihe zu betrachten sind. Ueber den Gebrauch der sapphischen, anapästischen und daktylischen Verse ist nichts weiter hinzuzufügen; die logaödischen sind folgende:

v. 3 trochäischer katalektischer Dimeter.
v. 4 sapphisches Penthemimeres.
v. 5 umgekehrter Asclepiadeus.

v. 6 Glyconeus.
v. 7 u. 8 Asclepiadeus.
v. 9 Glyconeus.
v. 10 sapphische Clausula.
v. 11 trochäischer katalektischer Dimeter.
v. 12 sapphisches Penthemimeres.
v. 13 Nebenart des Sapphicus.
v. 14 Clausula sapphica.
v. 15 logaödische Tetrapodie; der Schlußvers der alcäischen Strophe.

---

v. 72 die sapphische Clausula wiederholt, das erste Mal contrahirt.
v. 73 daktylischer Tetrameter.
v. 74 u. 75 zweimal das sapphische Penthemimeres.
v. 76 sapphisches Penthemimeres mit Adonius.
v. 77 logaödische Tetrapodie mit zweisilbiger Anakrusis.
v. 78—80 Sapphicus.
v. 81 logaödische Pentapodie.
v. 82 zweimal sapphische Clausula.
v. 83 Sapphicus.
v. 84 sapphisches Penthemimeres.
v. 85 logaödische Tripodie mit Anakrusis.
v. 86 Sapphicus.
v. 87 zweimal die sapphische Clausula, zuerst contrahirt.
v. 88 Sapphicus.
v. 89 erste Hälfte des Asclepiadeus mit Ithyphallicus.
v. 90 sapphische Clausula mit Adonius.
v. 91 sapphisches Penthemimeres.
v. 92 Glyconeus.
v. 93 u. 94 Sapphicus.
v. 95 sapphische Clausula mit Adonius.
v. 96 der alcäische Vers.
v. 97 Sapphicus.

v. 98 trochäischer Dimeter mit Anakrusis; dritter Vers der alcäischen Strophe.
v. 99 logaödische Tetrapodie.
v. 100 Sapphicus.
v. 101 Asclepiadeus.
v. 102 zweimal sapphische Clausula, die erste contrahirt.

Der Charakter des Chorliedes ist also ein logaödisch-anapästisch-daktylischer, aber unter den logaödischen Versen überwiegen entschieden die sapphischen. Eine gleiche Symmetrie in den einzelnen Theilen können die andern Chorlieder nicht aufweisen, auch fallen in ihnen die hier so scharf gesonderten Gruppen verschiedener Versarten fort.

Das zweite Chorlied Oedipus 707—762 hat einen logaödisch-anapästischen Charakter. Denn da v. 33 den Sinn mit dem sapphischen Penthemimeres noch nicht schließt, sondern in die folgenden Anapästen übergeht, so zeigt schon dies, daß die Anapästen mit zu dem Chorliede selbst zu rechnen sind. Die einzelnen logaödischen Verse sind ohne ein ersichtliches Gesetz unter einander vermischt gebraucht, aber bisweilen durch Hiatus und Syllaba anceps getrennt, wie v. 26—28: Aut foeta tellus impio partu Effudit arma; Sonuit reflexo etc. Die einzelnen Verse sind:

v. 1 anapästischer Dimeter.
v. 2 u. 3 Glyconeus; der zweite enthält vorn den Trochäus.
v. 4 versus Alcaicus.
v. 5 Asclepiadeus.
v. 6 zwei sapphische Clausulä, die erste zusammengezogen.
v. 7 Asclepiadeus mit Spondeus statt des ersten Daktylus (s. oben).
v. 8 versus Alcaicus.
v. 9 Asclepiadeus.
v. 10 Glyconeus.
v. 11 sapphische Clausula.
v. 12 Sapphicus.
v. 13 sapphisches Penthemimeres, nur mit Vertauschung der zwei ersten Versfüße, die ja

im Sapphicus selbst geschieht (s. oben). Da diese Vershälfte allein auch sonst vorkömmt (III, 21), so ist es nicht nöthig, des Verses wegen die Worte Quam non flexerat umzustellen, um so mehr, als die Reihenfolge Flexerat quam non in dem sonstigen Gebrauch des Seneca keine Analogieen findet.

v. 14 logaödische Tetrapodie mit zweisilbiger Anakrusis.

v. 15 logaödische katalektische Tripodie, äquivalent mit dem sapphischen Penthemimeres der zweiten Art.

v. 16 Clausula sapphica, aber contrahirt. Dieser Vers würde mit dem vorhergehenden in eine Reihe geschrieben einen umgekehrten versus Alcaicus liefern, ähnlich wie dies beim Asclepiadeus und Sapphicus geschieht. Da indessen der Alcaicus schon verhältnißmäßig selten in den beiden Chorliedern des Oedipus, die Tripodie v. 15 aber auch sonst allein in diesen vorkömmt, so ist deswegen vielleicht auch hier die Trennung beider Verse vorzuziehen. Anders ist es in den Chorliedern des Agamemnon, wovon unten.

v. 17 versus Alcaicus.

v. 18 Sapphicus.

v. 19 sapphisches Penthemimeres.

v. 20 u. 21 versus Alcaicus.

v. 22 Clausula sapphica.

v. 23 Asclepiadeus.

v. 24 trochäischer katalektischer Dimeter.

v. 25 Asclepiadeus.

v. 26 umgekehrter Sapphicus, die Clausula ist contrahirt.

v. 27 sapphische Clausula, contrahirt; wegen der kurzen Silbe nicht mit dem folgenden Verse zu verbinden.

v. 28 sapphische Clausula.
v. 29—32 Sapphicus; abwechselnd haben die Verse in der Mitte den Spondeus, also v. 30 u. 32, dagegen v. 29 u. 31 den Daktylus.
v. 33 sapphisches Penthemimeres.
v. 34—59 anapästische Dimeter, am Schluß ein Monometer.

Das dritte Chorlied Agamemnon 587—633 ist rein logaödischer Natur, denn die darauf folgenden Verse 634—654, anapästische Dimeter, gehören ebensowenig hierher, als die in derselben Scene etwas später vom Chor gesprochenen 660—691. Auch schließt hier das logaödische System nicht nur mit dem Satze zugleich, sondern auch der Schlußvers bildet einen sichtlichen Ruhepunkt, es ist der priapeische Vers: Ut fremuit male subdolo parens Pyrrhus Ulyssi. Mehr Schwierigkeiten jedoch macht in diesem Chorliede die Abtheilung der einzelnen Verse, und Einiges davon ist gleich hier vorauszuschicken. Die Verse 5, 6 und 7 werden gewöhnlich so abgetheilt, daß man liest:

Nullus hunc terror nec impotens
Procella Fortunae movet
Aut iniqui flamma Tonantis.

Die trochäische katalektische Pentapodie ist zwar selten, wird aber auch sonst gefunden und läßt sich schwerlich ohne noch größere Unbequemlichkeiten vermeiden. Dagegen würde Procella Fortunae movet ein jambischer Dimeter sein, ein Vers, der nicht nur überhaupt in den Chorliedern des Seneca nie allein vorkömmt, sondern auch nicht einmal an andern Versen derselben Gattung Analogieen findet, da jambische Verse überhaupt in den Chorliedern nicht angewandt sind. Dazu kömmt, daß auch die Versform Aut iniqui flamma Tonantis wohl noch einmal (in demselben Chorlied v. 44) sich findet, aber doch immerhin selten genug ist, um sie, wo möglich, zu vermeiden. Dies ist aber hier durch die Nebenformen des sapphischen Verses sehr leicht zu erreichen. Es sind nämlich oben die Beispiele dafür schon angeführt, daß der Sapphicus mit einer ein- und zweisilbigen Anakrusis versehen erscheint (III, 14; III, 32 u. 35; IV, 5). Da nun außerdem allein in dem vorliegenden

Gedicht die Versform mit der einsilbigen Anakrusis auftritt, so wird ein Vers dieser Art keinen Anstoß erregen können. Dieser Vers wird aber erhalten, wenn man die beiden Worte aut iniqui zum vorhergehenden Verse zieht, worauf in v. 7 nur der Adonius als passender Schlußvers der Periode übrig bleibt. Es ist also abzutheilen, wie auch oben geschehen ist:

Nullus hunc terror nec impotens
Procella fortunae movet aut iniqui
Flamma Tonantis.

Eine zweite Schwierigkeit bietet v. 17 u. 18 dar. Die gewöhnliche Abtheilung ist:

Indomitumve bellum; Perrumpet omne
Servitium contemtor levium deorum etc.,

wodurch zwei nur mit großer Schwierigkeit zu erklärende Verse erhalten werden. Andererseits aber ist Indomitumve bellum, die logaödische Tripodie oft genug selbstständig gebraucht, um als besonderer Vers auch hier gelten zu können, was die Interpunktion fordert. Schreibt man daher diese Worte in einen besondern Vers, so wird Perrumpet omne mit dem folgenden Verse zu verbinden sein, oder wenigstens mit einem Theile derselben, da das Ganze keinen Vers bilden würde. Die letzten Worte Contemtor levium deorum bilden eine öfter sonst und gleich nachher wieder vorkommende logaödische Tetrapodie, so daß nur in der Mitte noch bleibt: Perrumpet omne servitium, was offenbar der größere Theil des alcäischen Verses ist, von welchem nur noch das letzte, einen Jambus bildende Wort fehlt. Am natürlichsten wird dies ein auf servitium bezogenes Adjektiv sein, welches auch dem Sinne am angemessensten ist, so daß die von Prof. Bergk vorgeschlagene Ergänzung durch malum gerade ausfüllen würde. Das einzige Bedenken wäre, daß in dem Verse Perrumpet omne servitium malum im zweiten Fuße statt des Spondeus der Trochäus steht; allein wie im Sapphicus hier der Trochäus sich bisweilen findet, so konnte er auch hier eintreten, im Nothfall aber würden die beiden Hälften in zwei Verse zu trennen sein, die dann mit den sonst gebrauchten genau übereinstimmen. Die Verse sind also zu trennen:

Indomitumve bellum;
Perrumpet omne servitium malum
Contemtor levium deorum etc.

Endlich sind noch die Verse 20 und 21 zu betrachten. Da der Grundcharakter des Adonius der eines Schlußverses ist, wie schon oben bemerkt wurde, so darf man ihn nicht in den Anfang eines größern Verses setzen, muß also trennen Qui Styga tristem und Non tristis videt, ebenso auch 7 und 8, 40 und 41: Restitit annis und Troia bis quinis, wie III, 7 und IV, 15, worüber schon oben gesprochen ist. Wir gehen nun zur Aufzählung der einzelnen Verse selbst über, in deren Aufeinanderfolge jedoch kein deutliches Gesetz befolgt ist. Das Chorlied beginnt, wie das zweite im Oedipus mit dem anapästischen Dimeter, so mit dem daktylischen Pentameter, beide Male für logaödische Gruppen ungewöhnliche, aber durch den Anfang des Chorliedes gerechtfertigte Verse.

v. 1 daktylischer Pentameter.
v. 2 u. 3 Asclepiadeus; der zweite vorn mit Daktylus und Spondeus.
v. 4 Sapphicus.
v. 5 trochäische katalektische Pentapodie.
v. 6 Sapphicus mit Anakrusis.
v. 7 Adonius
v. 8 sapphische Clausula. Dieser Vers ist von 7 auch schon der Interpunktion wegen zu trennen, abgesehen von den oben angeführten Gründen.
v. 9 Sapphicus.
v. 10 u. 11 versus Alcaicus.
v. 12 logaödische Tripodie.
v. 13 logaödische Pentapodie (Abart des Sapphicus, s. oben).
v. 14 sapphicus cum Anacrusi.
v. 15 Sapphicus.
v. 16 logaödische Tripodie.

Vielleicht könnte man v. 9—12 und v. 13—16 als zwei einander äquivalente Strophen ansehen, denn in beiden folgt auf drei nach einander gesetzte logaödische Pentapodieen (Sapphicus, dessen Abart und der Versus Alcaicus) dieselbe logaödische Tripodie; doch läßt sich hierüber wenig Bestimmtes sagen, da sonst in diesen Chorliedern wenig Spuren einer vierzeiligen Strophenbildung sich noch vorfinden.

v. 17 versus Alcaicus.
v. 18 u. 19 logaödische Tetrapodie.
v. 20 Adonius.
v. 21 sapphisches Penthemimeres, nur mit Versetzung der ersten Versfüße.
v. 22 sapphische Clausula, contrahirt und der Adonius.
v. 23 versus Alcaicus.
v. 24 anapästischer Dimeter.
v. 25 logaödische Tetrapodie, vorn mit Trochäus statt des Spondeus.
v. 26 sapphisches Penthemimeres.
v. 27 Adonius mit Anakrusis.
v. 28 logaödische Tetrapodie, wie v. 25.
v. 29 sapphische Clausula, contrahirt; mit dem Adonius.
v. 30 logaödische Pentapodie, wie III, 13 und IV, 50.
v. 31 Sapphicus mit Umstellung der zwei ersten Füße.
v. 32 versus Alcaicus.
v. 33 Sapphicus mit Spondeus statt des Daktylus.
v. 34 sapphische Clausula contrahirt, und Adonius.
v. 35 Sapphicus mit Anakrusis.
v. 36 u. 37 Sapphicus.
v. 38 katalektische logaödische Tripodie (sapphisches Penthemimeres mit Umstellung der Versfüße).
v. 39 sapphisches Penthemimeres zweimal, zuerst mit umgestellten Versfüßen.
v. 40 Adonius.
v. 41 sapphisches Penthemimeres.
v. 42 Sapphicus.
v. 43 logaödische Tetrapodie mit Daktylus im zweiten Fuße.
v. 44 logaödische Tetrapodie mit Daktylus im dritten Fuße.

v. 45 Sapphicus mit umgekehrter Ordnung der Hälften, die Clausula mit contrahirtem Fuße vorn.

v. 46—48 Sapphicus; v. 48 mit Spondeus statt des Daktylus.

v. 49 u. 50 logaödische Pentapodie.

v. 51 zweimal die sapphische Clausula, die zweite contrahirt.

v. 52 der priapeische Vers.

Dem Charakter, wie den Freiheiten nach, welche sich der Dichter in den einzelnen Versen erlaubte, steht diesem dritten Chorliede das vierte, Agamemnon 799—858 gleich, und beide bilden so noch gewissermaßen den Gegensatz zu den beiden Chorliedern des Oedipus, in welchen die hergebrachten Regeln noch mehr beobachtet wurden, und außer den sapphischen oder logaödischen Gruppen auch noch anapästische und daktylische angewendet waren. Diese Chorlieder des Oedipus bilden somit gleichsam die Zwischenstufe zwischen den die einzelnen Verse stichisch oder strophisch wiederholenden Chorliedern und den ganz frei behandelten rein logaödischen Chorliedern im Agamemnon. Ueber diese letzteren ist weiter unten, wenn die einzelnen Verse aufgezählt sind, noch Einiges von jenen Verschiedene zu bemerken. Die Verse des zweiten von ihnen sind:

v. 1 Asclepiadeus.

v. 2 Sapphicus mit Spondeus statt des Daktylus.

v. 3 sapphisches Penthemimeres und Ithyphallicus (s. oben).

v. 4 Sapphicus.

v. 5 Sapphicus mit zweisilbiger Anakrusis.

v. 6 sapphisches Penthemimeres, zweimal.

v. 7 Adonius.

v. 8 sapphisches Penthemimeres.

v. 9 Sapphicus.

v. 10 sapphische Clausula, contrahirt.

v. 11 Sapphicus mit Daktylus im zweiten Fuße.

v. 12 Sapphicus.

v. 13 anapästischer Dimeter.

v. 14 zweimal das sapphische Penthemimeres.
v. 15 Adonius.
v. 16 sapphisches Penthemimeres.
v. 17 versus Alcaicus.
v. 18 versus Alcaicus mit aufgelöster erster Länge.
v. 19 der umgekehrte Sapphicus katalektisch, oder wohl besser ein trochäischer Dimeter, der dritte Vers der alcäischen Strophe mit zweisilbiger Anakrusis statt der gewöhnlichen einsilbigen, welche auch beim alcäischen Verse selbst zugelassen ist.
v. 20 sapphisches Penthemimeres.
v. 21—24 Sapphicus; davon in v. 23 die zwei Hälften versetzt.
v. 25 logaödische Tetrapodie.
v. 26 versus Alcaicus.
v. 27 logaödische katalektische Tripodie (sapphisches Penthemimeres zweiter Art; gleich der zweiten Hälfte des alcäischen Verses).
v. 28 Sapphicus mit Daktylus im zweiten Fuße.
v. 29 zweimal die sapphische Clausula, die zweite contrahirt.
v. 30 Adonius.
v. 31 Sapphicus.
v. 32 clausula sapphica, zweimal.
v. 33 clausula sapphica.
v. 34 Sapphicus.
v. 35 zweimal sapphisches Penthemimeres.
v. 36 versus Alcaicus.
v. 37 logaödische Tetrapodie (vierter Vers der alcäischen Strophe).
v. 38 Glyconeus.
v. 39 Asclepiadeus.
v. 40 zweimal clausula sapphica, contrahirt.
v. 41 u. 42 Sapphicus, 42 mit Spondeus statt Daktylus.
v. 43 zweimal sapphisches Penthemimeres.
v. 44 zwei Glyconeen, welche vorn den Trochäus haben.

v. 45 u. 46 umgekehrter Sapphicus; v. 46 der Daktylus contrahirt.

v. 47. versus Alcaicus.

v. 48 umgekehrter Alcaicus, oder besser jene Abart des Sapphicus, welche den Spondeus im ersten Fuße auflöst, den Daktylus im dritten zusammenzieht.

v. 49 zweimal die sapphische Clausula, die erste contrahirt.

v. 50 logaödische Pentapodie, wie III, 30 und III, 13.

v. 51 zweimal das sapphische Penthemimeres.

v. 52—54 Sapphicus.

v. 55 zweimal clausula sapphica.

v. 56 sapphische Clausula, contrahirt.

v. 57 Sapphicus.

v. 58 logaödische katalektische Tripodie.

v. 59 Glyconeus.

v. 60 zweimal sapphische Clausula, die erste contrahirt.

v. 61 Nebenart des Sapphicus, mit Versetzung der ersten zwei Füße und Auflösung des Spondeus im ersten Fuße; oder auch analog v. 48: Umkehrung des Alcaicus, dessen erste Länge aufgelöst ist. Doch ist es auch hier wohl natürlicher auf den Sapphicus zurückzugehen, der so oft und in so mannichfaltigen Formen angewandt ist, als auf den seltneren Alcaicus.

v. 62 Adonius, der Schluß des ganzen Chorliedes.

Um diesen Vers rein zu halten, wird man besser die sapphische Clausula, wie es hier geschehen ist, totidem diebus zum vorigen Verse ziehen, als den gewöhnlichen Versschluß verdunkeln, um so mehr, als auch der sonst entstehende Vers nur zweimal im ersten Chorliede I, 90 u. 95 angewandt ist.

Es bleiben zum Schluß noch einige Bemerkungen übrig über das Verhältniß der einzelnen Chorlieder zu einander. Hier zeigt sich nun, wie schon oben bemerkt, eine große Uebereinstimmung zwischen den Chorliedern im Agamemnon unter einander, dagegen nur theilweise mit denen den Oedipus, besonders mit dem zweiten, weniger mit dem ersten, welches wiederum den übrigen Chorliedern näher steht. Vor allem ist festzuhalten, daß die Freiheiten im Gebrauch des Sapphicus minor, als Versetzung der ersten Versfüße, Zusammenziehung des Daktylus und Auflösung des Spondeus, ferner die ein- oder zweisilbige Anakrusis nur in den beiden letzten Chorliedern, d. h. im Agamemnon sich finden. Dasselbe ist von dem umgekehrten Sapphicus zu sagen, der sogar nur im letzten Chorgesange rein angewandt ist. Dagegen sind die Hälften des Sapphicus viel häufiger in den Chorliedern des Oedipus gebraucht als selbstständige Verse, während die mannichfaltigsten Verbindungen dieser Hälften unter einander, so wie mit dem Adonius und dieser allein meist auf die letzten Chorlieder fallen. In diesen sind auch fremdartige Rhythmen eingemischt, wie die trochäische Pentapodie, III, 5, der daktylische Pentameter III, 1, anapästische Dimeter mitten zwischen den Logaöden III, 24, IV, 13 u. s. f. Endlich ist der Versus Alcaicus bei weitem häufiger in ihnen angewandt als in den andern, indem er besonders im ersten Chorgesang sich nur ein einziges Mal vorfindet; die Freiheit der aufgelösten Anakrusis fällt wieder nur auf IV, 18, ebenso wie die Auflösung des ersten Fußes im Asclepiadeus auf III, 3. Aber auch so ist der alcäische Vers verhältnißmäßig selten, und dies ist der Grund, weshalb wohl die Verse, welche seine Umkehrung enthalten, lieber auf den Sapphicus zurückzuführen sind, was durch Vermittelung der andern freieren Formen mit Leichtigkeit geschehen konnte. Da aber diese freieren Formen des Sapphicus in den Chorliedern des Oedipus nicht gefunden werden, so ist dies wiederum der Grund, warum II, 15 u. 16 getrennt wurden, und nicht nach Analogie von IV, 48 zu einem Verse verbunden sind. Es zeigt sich eben auch hier wieder, wie jedes Stück seine Eigenthümlichkeiten im Versbau hat, und wie nicht ohne Weiteres von einem auf die andern geschlossen werden darf. Trotz der äußern Verworrenheit ergiebt sich also doch, daß Seneca nicht ohne Gefühl für die Gesetze der Metrik bei der Bildung der Chorlieder zu Werke ging, in den frühern Stücken strenger, in den spätern lässiger, ganz wie im Bau der Trimeter. Ja das strophische Gesetz ist einmal in der Medea streng durchgeführt, im ersten

Chorliede des Oedipus ist die Gesetzmäßigkeit der Bildung nicht zu verkennen, und nur in den drei übrigen Chorliedern scheinen die Spuren einer von dem Dichter befolgten Regel sich nicht zu zeigen. Ob eine solche auch in diesen Versgruppen aufzufinden sei und auf welche Weise, darüber wage ich bis jetzt noch nicht zu entscheiden, behalte mir vielmehr diese Frage, sowie die Ergebnisse der mitgetheilten metrischen Resultate für die Kritik der Tragödien und für die Bestimmung des Dichters der einzelnen Stücke sowie ihrer zeitlichen Aufeinanderfolge für eine spätere Mittheilung vor.

Halle, Druck der Waisenhaus-Buchdruckerei.

Lightning Source UK Ltd.
Milton Keynes UK
UKHW012038040219
336748UK00009B/1310/P